特别鸣谢　深圳市志愿服务基金会

深圳义工改革发展实录

（第一辑）

主编

方　琳

社会科学文献出版社

SSAP

SOCIAL SCIENCES ACADEMIC PRESS (CHINA)

深圳义工改革发展实录（第一辑）
编委会

主　　编　方　琳

副 主 编　袁志雄　赖　锋

执行编辑　李　琼　杜　欣　张　洲　王华峰

特别鸣谢　深圳市志愿服务基金会

编辑说明

深圳是全国志愿服务的发源地之一，自 1989 年探索推进志愿服务工作以来，深圳志愿服务事业已经走过了 30 个年头，创造了多项"全国第一"，留下了许多难忘的足迹，形成了特色鲜明的理论和实践成果。2011 年底，深圳在全国首次系统性提出建设"志愿者之城"，目前正全力推进"志愿者之城"3.0 建设阶段的工作。为讲好深圳志愿者故事，传承深圳志愿服务精神，总结志愿服务发展过程中的经验和得失，进一步推进"志愿者之城"建设，共青团深圳市委员会决定出版《深圳义工改革发展实录》一书。

《深圳义工改革发展实录》共收录了有关深圳志愿服务发展的14 篇文章，既有理论探索和思考，也有参与者的经验总结和心得体会；既有媒体记者的采访调研，也有亲历者的讲述。本书从不同的视角反映了深圳志愿服务的发展历程，希望能为全国志愿服务工作的推进、发展提供一些参考。

本书的编写工作于 2018 年丌始，得到了时任团市委书记刘广阳同志的大力支持，以及时任团市委分管副书记方琳同志的倾力推动，也得到了有关领导、专家、同事、志愿者、媒体记者等的帮助，还得到了深圳市志愿服务基金会等机构的大力支持，在此一并感谢。

由于本书完成时间跨度长、题材多、范围广，所述内容难免有不足之处，恳请读者批评指正。

编委会

2019 年 12 月

目 录

深圳以专业化志愿服务参与
社会治理的探索和实践

方　琳[*]

深圳是全国志愿服务的发源地之一，30 年来一直引全国风气之先，诞生了国内第一个法人志愿者组织、第一个"志愿者之城"、第一批国际志愿者、第一个"义工服务市长奖"、第一张电子义工证等。2011 年底，深圳在全国首次系统性提出建设"志愿者之城"。之后，市委、市政府提出，"志愿者之城"建设永远在路上，要继续打造"志愿者之城"升级版。2017 年，团市委提出，在继续巩固"志愿者之城"建设 1.0、2.0 的基础上，推动"志愿者之城"建设进入 3.0 阶段，即推动志愿服务从提供社会服务向参与社会治理、凝聚社会共识跨越，积极发挥志愿服务在社会治理中的重要作用，为推动深圳新时代走在前列、新征程勇当尖兵，朝着建设中国特色社会主义先行示范区的方向前行，努力创建社会主义现代化强国的城市范例做出应有的贡献。

＊　方琳，深圳团市委书记。

一　以专业化志愿服务参与社会治理的提出及思考

以习近平同志为核心的党中央高度重视志愿服务工作。习近平总书记连续给志愿者群体回信、寄语，充分肯定"志愿服务凝聚人心、增强群众主人翁精神的重要意义"。党的十九大报告在"七、坚定文化自信，推动社会主义文化繁荣兴盛"中明确指出，"推进诚信建设和志愿服务制度化，强化社会责任意识、规则意识、奉献意识"。2019年1月17日，习近平总书记在天津视察时强调，志愿者事业要与"两个一百年"奋斗目标、建设社会主义现代化国家同行。志愿服务是社会文明进步的重要标志，是广大志愿者奉献爱心的重要渠道。各级党委和政府要为志愿服务搭建更多平台，更好地发挥志愿服务在社会治理中的积极作用。如何贯彻落实习近平总书记关于开展志愿服务的系列指示精神，特别是发挥志愿服务在社会治理中的积极作用，深圳还在不断探索。当前，深圳正朝着建设中国特色社会主义先行示范区的方向前行，要努力创建社会主义现代化强国的城市范例，就必须面对和及时解决社会治理中的"堵点""痛点"问题，如环境治理、公共安全、社会服务等。具体来看，在开展环境治理过程中，需要大量的专业志愿者参与河流水质监测、河道巡河保护、违法破坏环境行为举报等；在公共安全领域，食品药品安全、安全生产、突发灾害应急救援等都需要大量的专业志愿者参与。面对新形势、新任务，深圳志愿服务的发展已经不再局限于开展基础性的公共服务，志愿服务不是做"锦上添花"的事情，而要实现"雪中送炭"，最终凝聚社会共识，实现社会主义核心价值观的广泛传播和普及。因此，必须运用现代公益理念发展专业化的志愿服务队伍，运用专业化的社会工作手法参与社会治理，从而打造"志愿者之城"升级版，努力推动深圳志愿服务事业始终在全国保持领先地位，在新时代走在前列、新征程勇当尖兵，再创新局。

二 以参与水污染防治攻坚战为试点，初步探索专业志愿服务如何参与社会治理

党的十九大提出，要把污染防治作为全面建成小康社会的三大攻坚战之一。近年来，深圳把水污染防治作为市委、市政府的中心工作之一，并将 2019 年定为水污染治理决战年，要求集全市所有力量，建设碧水蓝天的美好家园，补齐社会治理的短板，奋力在生态文明建设上先行示范。深圳以专业志愿服务为切入点，创新实施志愿者河长制，探索出一套推动社会参与、实施专业参与、实现全过程参与、坚持改革创新的模式，形成了可复制、可推广的深圳经验。

（一）推动社会参与，解决水污染防治力量单一的问题

水污染防治是一项系统工程。从国内外的实践经验来看，水污染防治单纯依靠环保部门执法、水务工程治理是远远不够的，全社会的共同参与才是解决问题的重要途径。深圳是全国志愿服务的发源地之一，是志愿服务社会化动员模式诞生之地。一是率先形成系统性志愿者河长队伍。动员社会爱心力量，以公开招募的形式，率先形成"五个一"的社会参与力量，即"志愿者河长""河小二""护水骑兵""大学生治水联盟""红领巾河小二"，志愿者成为党政河长的"千里眼""顺风耳"，实现了党政河长和志愿者河长的有效

衔接。二是探索网格化运作机制。根据深圳河段分布情况，按照"属地对接、分段负责、网格管理"的原则集结志愿者，有效地发挥志愿者就近就便集结、随时随地巡河的作用，做到分河段、分时间段巡河，避免集中扎堆巡河，确保巡查覆盖率更高。

（二）实施专业参与，解决专业社会力量薄弱的问题

水污染防治是一项专业性极强的工作。志愿者因使命感、兴趣爱好迅速集结，但是专业薄弱的问题极大地限制了其参与的长效性。深圳率先探索"地方政府＋专家学者＋社会组织"的专业化志愿服务参与水污染防治的模式。一是建立专业机构。在全国率先成立首个专业机构——中国志愿者河长学院（深圳），集聚国家水科院、环科院等权威机构专业力量，以及全国各高校、中国河长智库研究院、全球水伙伴等研究机构专家力量，为志愿者参与水污染治理提供智力支持。二是实行专业运作。在全国成立首个地方性法人志愿者河长组织——深圳市志愿者河长联合会，通过组建专家委员会、筹建法人社工机构、编辑培训课程体系、实施专业培训、开展课题研究等，将一股普通的社会力量打造成为一支专业的志愿者队伍。

（三）实现全过程参与，确保覆盖面从水里延伸到岸上

黑臭水体治理问题在水里，根源在岸上，仅仅聚焦水体问题是不够的，应该将志愿者的参与扩大到岸上。一是建立河流治理全过程参与模式。深圳志愿者河长根据实践探索出"呼吁、监测、发现、传递、反馈、宣导"的"六个链条服务模式"，将志愿者的服务贯穿到整个河流治理的前期、中期、后期，以及河流治理完毕后的运营维护工作中。二是建立点面结合的监督机制。深圳的创新性体现

在茅洲河、大沙河、坪山河等6个重点河流域中，建设了6个实体化、阵地化运作的护河志愿服务U站，设立了92个常态化志愿服务监测点，依托"志愿服务U站+监测点"的阵地，志愿者河长以点带面，通过水质监测、圆桌对话、河流知识小课堂、问卷调查等，形成了巡查、反馈、协调、督查的闭环服务机制。

（四）坚持不断改革创新，形成可复制可推广模式

习近平总书记对深圳工作做出重要批示，要求深圳朝着建设中国特色社会主义先行示范区的方向前行，努力创建社会主义现代化强国的城市范例。2019年，《中共中央 国务院关于支持深圳建设中国特色社会主义先行示范区的意见》出台，明确要求加强基层治理，改革创新群团组织、社会力量参与社会治理模式。对此，深圳一直注重立足水污染防治，持续探索工作模式改革创新。一是深圳实践探索持续创新。2017年初，深圳志愿者河长制的探索处于1.0阶段，2018年则朝着志愿者河长制2.0阶段转化，即由最初的宣传呼吁，转向纵深参与河流水污染防治全过程，最终实现全流域介入、全过程参与、全社会共识。二是深圳志愿者河长制探索实现裂变。2018年，深圳志愿者河长制由最初的志愿者河长、志愿者河长U站裂变为创立志愿者河长论坛、发起志愿者河长联盟、成立志愿者河长学院、注册志愿者河长联合会、注入志愿者河长基金，形成了个人、组织、载体、资金全链条参与水污染治理的社会参与模式。

志愿服务尤其是专业志愿服务，能有效动员社会力量参与社会治理，并推动城市可持续发展，成为营造共建共治共享社会治理格局的重要渠道。深圳志愿服务的实践经验是，通过制度设计和实践推广，让专业志愿服务成为水污染治理的有效途径：一是坚持专业

引领，让"地方政府＋专家学者＋社会组织"的治理模式逐步得到推广；二是坚持改革创新，在思路、标准、措施上突破常规，为深入推进生态文明治理体系和治理能力现代化提供支撑。

三　将专业志愿服务拓展到公共安全领域，形成参与社会治理的可复制、可推广模式

按照治水攻坚战中探索专业志愿服务参与社会治理的"推动社会参与、实施专业参与、实现全过程参与、形成复制推广模式"四个经验做法，我们将继续在公共安全领域中对这一模式进行复制，并进行有益的探索。

（一）深入参与交通安全治理，有效改善路面交通安全状况

组建公安公交义工、交通义警、马路天使、暴走义工队等志愿者队伍，招募专业、责任心强的志愿者参与，在部分路段探索建立志愿者路长制，建立与交委、交警、轨道、城管、安监、街道办等职能部门的沟通反馈机制，形成巡查、反馈、协调、宣导、督查的闭环管理机制。一是实施常态化的巡查，落实分段包干原则，由志愿者队伍一对一分别对深圳重点路段实施动态化服务。二是及时整理反馈，依托深圳智能交通信息平台，通过互联网、手机移动端等载体，建立拍照举报、视频反馈、书面抄送等反馈途径。三是积极协调有关部门解决发现的问题。发挥志愿者群体中的人大代表、政协委员、公益人士等的积极作用，督促问题迅速得到整改解决。四是积极发挥各方的宣导作用，创新建立圆桌对话和面对面机制，集合交通管理部门、社区居民、志愿者等多方开展圆桌对话，增进相

互间的理解，促进各方积极建言献策。五是积极参与整改后的督查工作，按照"表格化、项目化、数据化、责任化"的要求，发挥志愿者的时间优势，协助职能部门做好督查工作，当好帮手、助手。其中，组织专业志愿者开展交通标识标牌、交通隔离设施、交通照明等交通设施的"三问五看"行动，获得了市领导的充分肯定。一是开展"三问"行动，了解需求。具体包括，一问社区居民对本社区周边交通标识标牌的意见和建议，二问过路驾驶员对交通标识标牌的意见和建议，三问涉及道路施工的企业（如地铁施工方）人员、大型交通枢纽场站（如机场、高铁站等）人员的意见和建议。二是开展"五看"行动，初步核实情况。一看交通标识标牌是否存在模糊、破损等情况，二看交通标识标牌是否存在明显错误并误导车辆行人等情况，三看是否存在需要设置交通标识标牌但没有设置的情况，四看是否存在交通标识标牌设置不合理、交通信号灯配合不科学等情况，五看涉及重大安全隐患的大型建筑工地周边路段、各类管网检查井易下陷路段的临时交通安全提示标志是否设置。目前，经过多方协同努力，已初步实现了以专业志愿服务为枢纽，调动志愿者等社会力量参与交通治理，创新打造多元互益的生态链，初步培育了交通安全治理的社会力量生力军，目前全市平均每天有 3600 多名志愿者服务在交通保障岗位上，覆盖全市 150 个重点路段，有效改善了路面交通安全状况。

（二）探索参与食品药品安全治理，培育食品安全社会共治新力量

"民以食为天，食以安为先"，食品药品安全事关人民群众的切身利益，事关经济发展大局和社会和谐稳定。面对层出不穷的食品

药品安全事件，仅仅依靠政府执法部门的力量，是不能满足实际工作需要的。长期以来，我们也在积极探索如何广泛发动社会力量主动参与食品安全治理，配合监管部门更高效、更精准地开展工作，推动构建和完善食品安全社会共治格局。在此背景下，我们招募吸收专业力量，成立了食品药品安全志愿服务队伍。一是立法先行。2018年5月1日，《深圳经济特区食品安全监督条例》正式实施，其中明确赋予志愿者社会监督职责，鼓励和支持志愿者开展宣传教育、举报违法行为和对食品安全工作提出建议，为志愿者提供法制保障。二是实施专业参与。我们逐渐将食品药品安全志愿者打造成为具备食品安全督导、餐饮巡查等技能的队伍，扩充监管执法力量，开展针对性的暗访或监督，通过随手拍的形式举报销售活禽违法行为，仅仅半年便累计收到83条举报线索，安排志愿者暗访14次、回头查8次，配合执法部门开展4次专项执法行动，协助查扣3000余只非法活禽。三是关注焦点问题。按照校园周边食品安全综合治理工作要求，深圳市试点开展校园食品安全监督行动，招募家长志愿者对校园周边200米范围内的餐饮、流通门店及流动摊贩治理情况进行检查，并与辖区市场监管部门建立联动机制，实时反馈违法线索。四是积极建言献策。组织志愿者开展食品安全抽检点选、社区特殊人群用药指导、过期药品回收等活动，同时配合市、区、街道层面开展的食品安全宣传周、社区食品安全民生微实事、"一街一车一室"、星期三"查"餐厅等工作，提出改进意见和建议。特别是，为发现和收集深圳市"一街一车一室"工作存在的问题和改进建议，深圳市招募志愿者对全市74个街道的快检室运营情况和便民服务水平进行暗访摸底，收集了丰富的一手资料，为该项工作深入推进提供了重要依据。值得欣喜的是，经过多方不懈努力，在市委全面深化改革委员会印发的 2019 年工作要点中，食品药品志愿者被纳入重大改革任务中，将作为全市深化社会治理体制改革的重要举措深入推进。

（三）建立专业志愿者参与公共安全应急保障体系，用专业守护生命安全。

在高强度、快节奏的现代社会中，突发性公共安全事故日益增多。我们招募专业志愿者，组建公共安全义工队伍，培养安全义工成为"安全网格员""安全协管员""安全监督员""安全宣传员"，参与公共安全专业社会化治理。一是对全市 8000 多名外卖骑手开展急救、交通安全及隐患排查的专题培训，助力其变身成为"紧急救护员、安全网格员"。自该公益项目开展以来，已收到骑手上报安全隐患 400 多处，1 人因得到骑手的及时救助而脱离生命危险。二是对 2000 多名公交司机、1000 多名乘客开展急救、反恐、紧急疏散、车祸处置、司乘冲突化解等持证培训，助力其变身成为"安全协管员"。目前深圳已实现高峰时段 1008 条线路安全义工的全覆盖，营造了安全出行、共同参与的良好氛围，且该项目已救助 10 余名患者。三是通过自主开发小程序，实现对安全义工的线上培训、线下测试，助力其变身成为"安全监督员"。通过发布调研任务的形式，测试维保单位应急响应速度，相关数据可作为相关职能部门工作改进的依据、对责任单位处罚的依据。在消防设施维保、急救设备维保等方面，安全义工以"神秘监督者"的身份介入设备安全检查，实现社会监督和全民共治。四是建设全国首个公共安全志愿者 U 站，通过安全宣传进社区等活动，把安全义工打造成为"安全宣传员"，探索建设安全义工学院，为深圳百万名志愿者赋能，同时建设安全员认证中心，开展安全学历及认证等工作，扩大公共安全理念的传播范围。

结　语

社会治理是一项系统工程，需要志愿者等社会力量的共同参与。志愿服务具有参与广泛性、行为利他性和方式灵活性的特点，是参与社会治理的重要载体。从主体来看，社会治理需要社会组织等多元主体参与，志愿服务组织是其中的重要力量；从载体来看，公共服务是民生保障的聚焦点，参与公共服务是社会治理的基础性工程；从目标来看，社会治理要最大限度地增加和谐因素，而志愿服务要弥补政府服务和市场服务的不足，促进社会自我调节与良性互动。为此，深圳志愿服务将继续沿着参与社会治理、凝聚社会共识的道路前行。我们将不断探索志愿服务制度化的"深圳标准"，打牢"志愿者之城"3.0建设的基础，继续完善志愿者注册和退出、培训管理、考核激励、项目管理等规章制度，形成制度成果。我们将不断打造志愿服务文化的"深圳名片"，大力培育和践行社会主义核心价值观，培育志愿服务文化，宣传深圳志愿服务理念，丰富城市人文精神，使志愿服务成为个人自觉，让志愿服务回归初心，让"志愿服务成为深圳人民的精神时尚"。我们将不断提高志愿服务专业化的"深圳质量"，将志愿服务参与水污染防治攻坚战这一模式复制到城市公共安全领域中，重点参与食品药品公共安全、城市安全生产、应急救援等领域，不断打造更多志愿服务参与社会治理的可复制、可推广的新样本，为全国志愿服务提供鲜活经验。

中国改革开放进程中的"深圳义工"

谭建光[*]

内容提要 中国改革开放 40 多年，创办深圳等经济特区成为其中最重要的事件之一，催生志愿服务事业也成为最重要的事件之一。"深圳义工"就是诞生于深圳经济特区，对全国具有重要影响的社会高尚力量。"深圳义工"率先推动"学雷锋、做好事"的转型，率先引进外国及港澳义工发展模式，率先成立依法注册的义工社团，率先倡导"助人自助"的义工时尚理念，率先建立五星级义工服务激励机制，率先构建城市社会志愿服务体系，为全国提供参考和借鉴。在中国特色社会主义新时代，"深圳义工"不断拓展服务、提升能力，包括扩大党的群众基础、创造人民美好生活、促进共建共治共享、塑造城市国际形象等，在实现"两个一百年"目标中发挥了越来越重要的作用。

关键词：改革开放　深圳义工　助人自助

---

* 谭建光，广东青年职业学院教授，中国志愿服务联合会研究会副会长、中国青年志愿者协会副会长。

"深圳义工（志愿者）"是中国改革开放的产物，是中国社会建设的成果，是当代中国志愿服务的亮丽品牌。义工倡导的"爱心奉献、助人自助"理念激励百万名志愿者乐于奉献和服务；义工提出的"来了就是深圳人、来了就做志愿者"口号吸引千百万名外来务工人员积极参与志愿服务，从而获得自豪感与归属感。在改革开放40多年的时刻，在深圳志愿服务发展30周年纪念的时刻，本文回顾和分析"深圳义工（志愿者）"的发展历程、创新特色，并展望中国特色社会主义新时代深圳志愿服务的功能拓展情况。特别是结合党的十九大提出的"推进诚信建设和志愿服务制度化，强化社会责任意识、规则意识、奉献意识"[①] 要求，探讨深圳义工发展和创新的趋势，实现社会各界共享。

一 改革年代"深圳义工"的发展

中国经历"文化大革命"以后，纠正了"以阶级斗争为纲"、以政治运动为重点的工作路线。党的十一届三中全会确定了"以经济建设为中心"的战略，实施了"对内改革、对外开放"的战略。同时，经过广东省委的争取，获得了中央领导邓小平、陈云等同志的支持，在深圳、珠海、厦门、汕头创办经济特区，为中国发展先行探索一番。这样一来，"百万建筑兵奔赴深圳特区""百万创业者投奔深圳特区""百万淘金者涌进深圳特区"等就成功引起全国关注和议论。外商企业、港资企业、民营企业在深圳特区的创办和发

---

① 《决胜全面建成小康社会 夺取新时代中国特色社会主义伟大胜利》，载《党的十九大报告学习辅导材料》，党建读物出版社，2017，第34页。

展,也成为全国密切关注和分析的现象。恰恰在这种背景下,深圳人民发现不仅需要创业致富,也需要友爱互助;不仅需要经济繁荣,也需要社会和睦;不仅需要消费享受,也需要奉献助人。从19人发起志愿服务热线,到46人召开义工联成立大会,再到建设"志愿者之城",营造了深圳如今拥有百万名志愿者,服务项目遍布社区园区,志愿文化人人传诵和践行的社会氛围。

(一)社会变革酝酿义务工作:1978~1988年

深圳义务工作是社会变革的产物,是改革开放的产物。其实,从1978年的体制改革、沿海开放开始,深圳就不断积累义务工作发展的经验。首先,"老宝安人"即最早的深圳人,通过开放政策的支持,开始到香港澳门探亲访友,或者到外国交往交流,就这样接触了"社工""义工"等概念,也了解到外国及港澳地区通过社团发动公众参与的社会关爱服务模式。"深圳经济特区与香港接壤,有的地方仅一河之隔,有的地方是共用一条街。深港两地交往十分频繁,来往于两地的人每天达3万人以上。"[①] 不论有没有使用"志愿者""义工"等词语,深圳特区的人们都通过与外国及港澳地区的交往了解并接受了"友善互助""助人自助"的义工精神。其次,百万名内地青年——"创业者""寻梦者""淘金者"涌入深圳,在寻找工作、求职谋生的同时,也积极参与社会事务,表达志向和个性。20世纪80年代初期的深圳特区就是青年创新创造、大胆探索的"乐土"。外来青工热衷和追逐"大家乐",每人交五角钱就能够上台放

---

① 廖军文:《特区青年与团的自身改革》,载共青团中央研究室编《青年工作调研文集》,山东人民出版社,1985,第167页。

声唱歌、大展歌喉。外来团员探索和创新的"团员证"让流动状态的人也能拥有团组织生活，从而获得认同感和归属感。热心青年创办的"箐英议事会"，让不同社会阶层的青年能够表达意愿、参与决策。闻名全国的《深圳青年报》《深圳青年》等报刊积极把握中国发展脉搏，积极引导青年发展追求，成为新一代人探索和创新的"喉舌"。正是这些纷繁多样、灵活多变的青年创新形式，为现代志愿服务、时尚义务工作在影响深圳、引入深圳、扎根深圳、提升素质等方面奠定了良好的基础。

（二）公众需求萌生义务工作：1989～1995年

深圳义务工作的诞生有多种原因，但是最直接、最主要的原因就是百万名外来青工的关爱和服务。自新中国成立以来，这么大规模的外来人员自发流动，为求职谋生背井离乡、远赴千里，确实是改革开放后出现的新现象。特别是在经济特区创办初期，劳动保障法规欠缺、企业劳务保障欠缺、社会保障服务欠缺、社区融合机制欠缺。百万名务工青年生活孤单的时候缺乏关心和帮助，权益受到损害的时候缺乏维护渠道，由此面临问题、陷入困境。这时候，一批曾经的团干部、一批受雷锋精神影响的热心人，开始考虑如何关爱和帮助百万名外来青工。但是，作为沿海对外开放、外资企业众多的深圳特区，单纯倡导传统的"学雷锋、做好事"难以达到良好效果，迫切需要探索创新。热心青年主动了解外国的志愿服务情况，主动借鉴港澳的义务工作经验，并在1989年建立了19人的义工"热线电话"，定时接通外来青工、中学生以及其他人员的求助电话，一方面给予其心理咨询、情感陪伴、生活建议等，另一方面针对特殊问题转介给有关党政部门、管理机构以寻求社会协同的解决途径。

最典型的是一起港资企业"老板走佬"（企业主逃匿），欠员工大半年薪酬的事件。外来工在打电话求助时说到，"如果老板再不出现、再不支付薪酬，我们就砸烂工厂，再到政府上访"。义工在接听电话后，一方面劝导外来青工冷静和理智，预留半个月时间让各方协调；另一方面积极联系经贸部门、劳动部门，敦促香港企业主回到深圳，通过变卖部分产品、资产的方式筹集资金，发放欠薪。这样一来，既避免了恶性群体事件，也维护了外来员工权益。① 从课题组调查的资料来看，1989～1995 年，在深圳市义工联的服务个案中，外来员工服务占 70% 以上，其他还有中学生服务、家庭关系服务、妇女纠纷服务、老人服务、残疾人服务等。"为把学雷锋活动与为青年办实事紧密结合，青年权益部组织了 50 多名义工深入特区的寮棚户进行社会调查，了解他们的生活状况和子女教育问题，写出具有一定质量的调查报告。"② 深圳市义工联开展的外来务工人员服务，不仅提供关爱和帮助，而且将求助案例、求助信息进行整理和分析，提供调查报告给国家部门、省市部门作为政策制定的参考，为制定和完善劳动法规、企业法规做出积极的贡献。

（三）组织推动发展义务工作：1996～2000年

深圳义工在发展和壮大的过程中，引起了党委政府的重视，获得了共青团组织的统筹协调。其中，1994 年和 1996 年，市委书记厉有为等人到义工联进行调查研究，了解义工服务在关爱帮助人民群

---

① 丁时照：《高举爱的旗帜——记深圳市义务工作者（1994）》，载中国青少年研究中心主编《深圳共青团工作社会化之路》，中国青年出版社，1997，第 85 页。
② 共青团深圳市委员会：《让雷锋精神在深圳闪光》，载共青团深圳市委员会编《特区共青团之路》，海天出版社，1991，第 52 页。

众、构建城市安全网络中的重要作用。同时，认真探索一个组织在发展中遇到的困难和问题，提供解决的办法、措施。1994年，市委、市政府批准深圳市义工联增加编制岗位，每年安排20万元固定财政资金，支持义工组织有效开展社会服务。同时，将加入义工组织的学历要求从"大专以上"降低为"中学以上"，面向广大外来务工青年、在校中学生敞开大门，注册义工人数迅速由一百人增加为近万人。义工联设有热线服务组、信箱服务组、社会调研组、青年服务组、老人服务组、残疾人服务组、病人服务组、学生服务组、法律服务组、讲师团、艺术团、社区义工服务站等。1996年，深圳市委领导再次高度评价，"市义工联是一个平凡而伟大的社团，是一个充满牺牲和奉献的群体，义工精神值得全社会学习"。[①] 这样一来，各区、镇、社区、园区都提供资源、设施、场所，支持组建志愿组织、开展服务活动。张高丽同志在担任深圳市委书记期间，亲自主持召开青年工作专题会议，还讨论义务工作发展问题，提供政策制度方面的支持，并且在春节期间参与义工开展的"青工合家欢"包饺子活动，体现党和政府对外来务工青年的关怀和爱护。在这一时期，深圳团市委配合党委政府的工作重点，大力推进义务工作发展，围绕满足群众利益需求、社区和谐发展开展服务，取得良好的社会反响。

（四）国际理念丰富义务工作：2001～2010年

深圳作为中国的经济特区，其志愿服务的发展引起了外国及我

---

① 深圳市义工联：《深圳市义务工作者（志愿者）联合会简介》，载中国青少年研究中心主编《深圳共青团工作社会化之路》，中国青年出版社，1997，第262页。

国港澳地区的关注。2001 年，联合国开展"国际志愿者年"活动，我国团中央、商务部联系联合国开发计划署、联合国志愿人员组织在北京、深圳等四个城市举办"国际志愿者节"活动，既吸收世界各国的志愿服务文化理念，也面向国际传播中国的志愿服务活动。[①]通过这些活动，深圳的志愿组织骨干，以及很多新参加服务的居民、外来务工人员，了解到志愿服务是国际社会的共同时尚，也是各国社会发展的积极因素，可以开阔视野、拓展思路。其间，深圳市主动与国际青年公益组织合作，参与"世界青年服务日"活动，并成为在中国落地的承办方。深圳借助每年的"国际志愿者日"活动，以及深圳义工 20 周年纪念活动等举办"国际义工论坛"活动，邀请英国、意大利、日本等国家的专家学者、志愿组织领袖前来讨论交流，提出志愿服务创新发展的方向。国际社会和国际公益领域倡导"四个理念"，即公平、融合、增能、可持续。这些理念既影响深圳志愿服务发展的战略和规划，也影响深圳志愿者的意愿和心态，引起了深圳市义工联的关注和重视。

（五）政策支持壮大义务工作：2011～2017年

深圳市获得举办世界大学生运动会的契机，积极筹备大运会志愿服务，成为推动城市志愿文化发展的新动力。"2011 年，深圳以举办大运会为契机，在全国率先出台《关于建设"志愿者之城"的意见》……形成市、区、街道、社区四级的志愿服务组织和阵地网络，并逐步实现了'制度化推进、社会化动员、专业化发展、信息

---

① 谭建光：《中国志愿服务：从青年到社会——改革开放 40 年青年志愿服务的价值分析》，《中国青年研究》2018 年第 4 期，第 29 页。

化支撑、国际化特色'的志愿服务发展模式。"① 当前，深圳正在全力打造"青年发展型城市"和"志愿者之城"3.0版本，截至2017年，全市注册志愿者达到175多万名，占常住人口的比例达到13%，位居全国前列。目前，深圳志愿服务工作将围绕全面对标全球最高标准、谋划新任务，以庆祝改革开放为契机、全面深化改革，服务国家"一带一路"倡议、深化志愿服务国际合作，围绕城市质量提升、参与深圳社会治理工作，以党建为引领、加强自身规范建设等5项重点工作展开，努力在新时代拿出新作为，推动志愿服务事业实现新突破。深圳市是在对外开放的经济特区基础上建设起来的城市，在公益组织发展和活跃的过程中，吸引了国际、国内的许多组织和个人。特别是深圳国际慈善公益学院的建立，以及全国"慈展会"的举办，在吸引党政背景慈善组织交流的同时，也吸引大量民间组织、境外组织的成员聚集，共同开展慈善公益活动。为此，各级党委特别是组织部门、宣传部门探索和尝试通过"党建＋服务"的方式，与各种慈善机构、公益组织、社工机构、志愿社团进行合作，在提供支持和帮助的同时进行政治引导、思想引导。

（六）专业支持提升义务工作：2018年至今

进入中国特色社会主义新时代以来，深圳志愿服务沿着专业化和社会化的道路继续发展。广东省委副书记、深圳市委书记王伟中希望，"志愿者继续发扬贴近基层、贴近市民的特色优势，在创新中不断提升志愿服务质量和水平，进一步推进文明城市建设，让城市

---

① 周林刚、王炜炜：《深圳"志愿者之城"建设发展报告》，载陆士桢主编《中国志愿服务发展报告（2017）》，社会科学文献出版社，2017，第257~258页。

因志愿服务而更加美丽，更好满足市民群众日益增长的美好生活需要"。① 通过建立专业志愿服务组织、行业志愿服务组织的方式，吸引和鼓励医生、律师、教师、艺术家、创意人士等参加志愿服务组织，既为服务对象提供有更高价值的服务，也为志愿组织提供创意策划、管理咨询、督导评估等专业服务。这些专业技术人才、艺术人才、创新人才、研究人才加入志愿者的行列，为实现"智慧志愿服务、技术志愿服务、行为志愿服务、信息志愿服务、资源志愿服务"等多样化服务提供了支持，真正实现了志愿服务的"供需对接"。调查发现，专业志愿服务中的一支重要力量，就是长期坚持做专门服务的志愿者，包括长期做助老服务的志愿者，长期做助残服务的志愿者，长期做助学服务的志愿者，长期做环保服务的志愿者，长期做应急服务的志愿者，等等。这些志愿者来源广泛，包括司机、服务员、居民、水电工、销售员等，他们心无旁骛、专心服务，在长期专注一项或两项服务的过程中，积累丰富的经验，再通过参加专业培训学习，考取专业服务资格证，逐渐成为优秀的专业志愿者。他们是志愿服务专业化进程中不可忽视的重要力量，也是值得广大志愿者学习和效仿的对象。深圳通过多渠道、多途径推进志愿服务专业化，不断提升志愿服务活动的成效，逐渐实现精准帮助社会人群，特别是困难人群的目标。

二 开放时代"深圳义工"的创新

深圳是中国对外开放的"窗口"，也是中国志愿服务对外交流的

---

① 王伟中：《让城市因志愿服务而更加美丽》，《深圳特区报》2017年12月6日。

"窗口"，在引进和学习国际志愿服务理念的同时，不断创新志愿组织发展方式，不断创新志愿服务活动方式，能够为内地省市提供富有价值的参考借鉴。

（一）率先探索学雷锋做好事的转型

自新中国成立以来，深圳市便拥有非常好的"向雷锋同志学习"传统，通过乐于助人、助人为乐的文化传播，营造友善互助、友爱共享的社会氛围。但是，面对改革开放的新环境、市场经济的新机制，如何丰富"学雷锋、做好事"的内涵，如何发挥引领青年、陶冶青年的积极作用，迫切需要探索创新。1990 年，深圳团市委的工作报告中就提出，引导青年"看到学雷锋有助于建立社会文明风气、有助于个人成才、做好本职工作、有助于建立人与人之间和谐的人际关系"。[1] 通过引导团员青年参与义工服务、体验"助人自助"，在新的社会环境中"学雷锋、做好事"，既能够帮助社会人群以及有困难的人群，也能够让自己快乐、充实、成长，在志愿服务中增长见识、提高素质、成长成才。"学雷锋志愿服务"在新时期被赋予了新内涵、新魅力。"北京、上海、天津、广州、深圳等地兴起的志愿服务热潮，成为新时期城市文明的亮点，城市新时期社区生活的热点。"[2] 特别是深圳特区，"志愿者""义工"的身影不仅让居民、务工青年看到"新雷锋"的影响力，也让外国人士、港澳同胞了解到"新雷锋"的特色，感受到中国志愿服务的鲜明特色。

---

[1] 共青团深圳市委员会：《让雷锋精神在深圳闪光》，载共青团深圳市委员会编《特区共青团之路》，海天出版社，1991，第 51 页。

[2] 谭建光主编《邻里守望在中国》，人民出版社，2017，第 9 页。

（二）率先吸收港澳义务工作的经验

我们经常说，研究中国志愿服务的时候要关注"南腔北调"。"北调"是以北京为代表的北方风格志愿服务，就是在继承"学雷锋、做好事"的传统基础上，融入国际元素，不断创新发展。"南腔"是以广州、深圳为代表的南方风格志愿服务，就是在大胆引进香港、澳门义工文化的基础上，结合内地的"学雷锋"传统，不断融合发展。深圳积极主动借鉴港澳义工经验，结合内地实情进行融合创新，积累丰富的经验。"深圳义务工作的兴起，是人们在文化开放中吸收了国外、中国港澳地区人道主义精神的因素，力求社会经济发展更具有人性、更加和谐。"① 特别是"志愿服务"与"义务工作"的不同说法，更体现出开放的特色和影响力。"志愿服务或义务工作都来源于英文的 Volunteer Service，从本质上说含义是一样的，都是指任何人自愿贡献个人时间和精力，在不为物质报酬的前提下，为推动人类发展、社会进步和社会福利事业而提供的服务。然而，深圳等珠江三角洲的实践，分别接受'志愿服务'或'义务工作'的提法后，就从概念理解的分歧到出现工作思维差异、服务行为差异。"② 可以说，深圳义务工作更多地注重人性化、生活化的服务，更加注重"尊重个性"和"助人自助"。这样对于内地志愿服务在发展进程中逐渐减少"行政干预""千篇一律"，走向社会化和多样化，具有积极的影响。

---

① 谭建光、凌冲主编《中国深圳义务工作发展报告》，广东人民出版社，2005，第9页。
② 谭建光著《志愿服务：理念与行动》，人民出版社，2014，第188页。

（三）率先依法注册义工社团

在改革开放进程中，中国志愿服务的发展包含"四个第一"，都是标志性事件。1983年，北京大栅栏诞生第一个"综合包户"志愿服务项目；1987年，广州诞生第一个"手拉手"志愿服务热线；1989年，天津新兴街道诞生第一个"社区志愿服务团队"；1990年，深圳市诞生第一个注册的"义务工作者联合会"。深圳市义工联与前面几个志愿服务项目或团队的主要区别就在于其主动前往民政局登记注册，开启了中国志愿服务组织依法注册、合法活动的先河。"据资深义工的介绍，1989年恰巧当时负责筹建'义工联'及秘书处的几位骨干，都是大学法律专业的毕业生，主动前往民政局注册的原因是为了获得'合法而独立'的服务权利。"[①]从深圳市1990年注册全国第一个"合法"的志愿服务社团，到1994年共青团中央注册成立第一个全国性志愿服务社团——中国青年志愿者协会，再到近年来中国志愿服务联合会、中华志愿者协会等成立，全国形成了国家级志愿服务行业协会、专业协会。省市多样化志愿服务社团、县区丰富的志愿服务机构的社会组织体系，成为社会治理创新和建设共建共治共享和谐社会的重要力量。

（四）率先倡导助人自助的义工理念

深圳市早在创办义工服务热线，成立一个服务社团的时候，就发出"爱心奉献、助人自助"的呼吁，这不同于原来正统观念中

---

① 谭建光、凌冲主编《中国深圳义务工作发展报告》，广东人民出版社，2005，第28页。

"大公无私""舍己为人"的牺牲观念，而符合市场经济时代人们将利他与利己相结合的心理需求。深圳"社会经济的快速发展和人民生活的明显改善，对于志愿服务发展提供两种动力：一是人民自己摆脱了生活困境、获得舒适生活之后，产生感恩的心理，愿意回报社会、帮助他人。二是人们经济条件好了，就有资金资源、实践资源、精力资源去帮助社会和他人"。① 据说，义工联倡导"助人自助"是一个"美丽的误会"。改革开放初期，深圳人到香港的时候，看到了社工的职业服务，也看到了义工的义务服务，同时听到了"助人自助"的口号，觉得这些非常好，就应用在深圳义务工作的理念之中了。最初，香港社工在发现口号以后提出，"助人自助"是社工理念，不是义工理念。然而，经过深圳义工多年的实践和创新，外国及我国香港的社工都感觉将"助人自助"应用于志愿服务，是很有价值的延伸发展，即义工在服务社会、帮助他人的同时，也可以获得素质提升与生活水平提高，成为对社会更有价值的人。所以，从深圳到广州、武汉、杭州、成都，再到北京、上海、天津、重庆等地，"助人自助"既被运用在社工职业服务中，寓意是社工帮助服务对象"赋权""增能"，不断提高服务对象发展的能力；又被运用在志愿者的义务服务中，寓意是志愿者在关爱和帮助他人的同时，实现内心充实和素质提升。

（五）率先建立五星义工激励的机制

我国原来的"学雷锋、做好事"以及其他关爱互助的服务，注

---

① 谭建光、周宏峰主编《社会志愿服务体系——中国志愿服务的"广东经验"》，中国社会出版社，2008，第55页。

重政治荣誉和政府表彰，缺乏社团荣誉、民间认同。深圳市义工联成立之后，借鉴外国及我国港澳的义工表彰类型，率先建立了"五星义工"激励机制，逐渐被全国各地区学习和参考。"义工嘉奖包括内部晋升和公开表彰两方面。内部晋升是根据义工服务年限、时间及表现，由普通义工晋升为'星级义工'，星级最低为一星，最高为五星。公开表彰是指一年一度的优秀义工表彰和其他表彰"。① 这种一星、二星直至五星级的义工人员认可机制不需要专门的上级部门或机构进行评选，只要等级的一个服务时数达到要求，服务态度和服务效果达到要求，就能够获得志愿组织的认定。这样一来，志愿者对自己的服务及荣誉有主动性、自主权，愿意通过积极的关爱服务获得社团荣誉。调查组在接触各类志愿者的时候，有些志愿者经常非常自豪地说："我是五星级义工。"在此基础上，深圳市还开展"百优义工"评奖活动，获得荣誉的外来务工人员可以申请入户；还颁发最高荣誉优秀义工"市长奖"，表彰做出卓越贡献的志愿者。目前，深圳市逐渐形成以"星级义工"激励为基础，优秀义工表彰为途径，推送各类荣誉参评（劳动模范、道德模范、先进工作者、优秀党团员等）为机会的志愿者奖励体系，对广大志愿者具有激励和保障作用。

（六）率先构建城市义务工作的体系

深圳市在30多年发展志愿服务、推广关爱互助理念的基础上，逐渐构建党政统筹、社会参与的志愿服务发展体系。2011年印发的

① 深圳市义工联：《深圳市义务工作者（志愿者）联合会简介》，载中国青少年研究中心主编《深圳共青团工作社会化之路》，中国青年出版社，1997，第266页。

《中共深圳市委 深圳市人民政府关于建设"志愿者之城"的意见》（以下简称《意见》）提出，"组织建设更加健全。市、区、街道、社区四级志愿组织体系更加完善，机关事业单位、代行企业基本建立志愿服务队伍，培育发展一批从事志愿服务的公益性组织"。① 深圳市"志愿者之城"建设领导小组由市委主要领导担任组长，成员是相关部门负责人，小组办公室设在团市委。按照"志愿者之城"建设规划的要求，深圳每年制订工作计划，并且开展中期评估和末期评估，监测"志愿者之城"建设指标的落实情况，提出创新发展的对策建议。各区根据实际情况和群众需要，制定适合本区的"志愿之区"建设规划，如宝安区注重"社区志愿服务"的发展，盐田区探索"志愿服务岗位化"的设置，罗湖区提出"志愿者之城先行区"的建设目标，龙岗区提出"志愿者先锋城区"的目标，各区均出台具有系统性、可操作的志愿服务政策措施。

三　新时代"深圳义工"的功能拓展

进入中国特色社会主义新时代以来，人民群众对美好生活的向往就是党的奋斗目标，也是志愿者和志愿组织的服务目标。习近平同志指出，"在继续推动经济发展的同时，更好地解决我国社会出现的各种问题，更好地实现各项事业全面发展，更好发展中国特色社会主义事业，更好推动人的全面发展、社会全面进步"。② 为此，深圳义工在新时代要进一步大胆探索、开拓创新，不仅为城市发展和

---

① 深圳"志愿者之城"建设领导小组办公室：《深圳"志愿者之城"建设制度化成果汇编》，2018，第 24 页。

② 《习近平论治国理政》（第二卷），外文出版社，2017，第 62 页。

民生改善做出新贡献，也为广东"四个走在全国前列"做出贡献。

一、扩大党的群众基础

深圳市是我国最早对外开放的经济特区，在 20 世纪 80 年代初，大量外资企业、港资企业兴办的时候，就面临"党旗能够打多久""团旗能够打多久"的问题。但是，深圳党团组织积极探索非公企业党的建设、团的建设新路径，以解决难题、创造佳绩。如今，面对世界各国生活、文化的影响，以及网络时代国际思潮的冲击，深圳市积极发展志愿服务，鼓励党团员争当义工、服务社群，通过每一个党团员义工的关爱奉献，弘扬党全心全意为人民服务的宗旨，扩大党在人民群众中的基础。"党团员志愿者弘扬了奉献、友爱、互助、进步的志愿精神，让全社会洋溢爱的阳光、爱的温暖，在各类人群，特别是青少年的心中播撒爱的种子。"[①] 从调查的情况来看，一方面，党团支持志愿组织开展关爱服务，为有困难的居民、外来人员提供温暖、帮助，使大量获得帮助和服务的人产生感激之情；同时知道志愿者是在党的支持下开展服务活动的，从而增强对党组织的亲近感、信赖感。另一方面，"90 后""00 后"的青少年对于传统单一的政治教育有疏离感，不太愿意接受。但是，他们愿意参与时尚生活中的志愿服务，在关爱他人的同时获得思想提升、情感充实。这时候，党团组织支持和发展志愿服务，既吸引大批"90后""00 后"的青少年参与，也引导青少年的思想成长，提高青少年的政治热情和社会责任感。深圳市宝安区大力探索"党建＋服务"的模式，创建党建引领公益志愿服务的路径，为引导群众的思想发展，特别是青少年思想成长积累成功经验。可见，新时代深圳义工

---

① 谭建光主编《党团员志愿服务实用技巧》，广东人民出版社，2015，第 11 页。

成为党和群众联系的桥梁，是密切党群关系、干群关系的重要纽带。

二、激发创新创业活力

深圳市被称作"创业之城""创新之城""创意之城"。志愿组织积极探索创新创业服务、提升城市生活品质的方式。深圳积极营造创新创业的良好环境，踊跃参与全国"双创周"和深圳国际创客周活动，承接中国青年创新创业论坛、全国大学生创业大赛总决赛、深港青年创客营等项目，通过赛事发掘、活动聚拢等方式，动员广大青少年参与现场观摩和创新体验，吸引一批优秀创业项目和青年创业人才。[①] 一方面，志愿组织配合党政部门、群团组织，邀请大量企业家、管理人员、自由职业者、信息产业新秀等担任青年创业就业的义工导师，义务提供咨询和辅导服务，帮助青年解决创业困难、拓展营销市场。另一方面，志愿组织积极探索"公益创业""社会企业"的途径，鼓励部分义工骨干、义工团队通过创业、经营的方式解决社会问题、帮助困难群众，从而探寻可持续发展的公益道路。这样，"深圳义工"就会逐渐成为富有活力、不断创新的品牌，在坚持"爱心奉献、助人自助"的同时，主动借鉴和吸收其他地区创业创新的方式方法，开拓公益志愿服务的新天地、新空间。

三、创造人民美好生活

深圳义工在新时代的形势和要求，就是为人民群众的利益服务。党的十九大报告提出，"把人民对美好生活的向往作为奋斗目标，依靠人民创造历史伟业"。[②] 作为改革开放后的新型城市，深圳具有

---

① 《团市委构建青年人才精准服务体系 推动港澳青年来深创业就业》，《深圳特区报》2018 年 5 月 4 日。

② 《决胜全面建成小康社会 夺取新时代中国特色社会主义伟大胜利》，载《党的十九大报告学习辅导材料》，党建读物出版社，2017，第 17 页。

"社区"与"园区"并存的特点。"社区"是本地居民、新移民共同生活的场所，"园区"是外来务工人员聚集和生活的场所。这些地方特别需要推广邻里守望志愿服务。邻里守望"以社区为主要场所，传承了中国'邻里互助'文化传统，对接了群众服务需求，具有扎根基层、服务群众的鲜明特征，成为中国志愿服务的特色品牌和发展路径"。[①] 目前，"深圳义工"的关爱服务向三个领域延伸。一是向公共服务场所延伸。在广场、火车站、汽车站、交通要道、大型医院、公共服务窗口等地方设立"志愿U站"，鼓励义工根据群众的需要提供临时性、有效性的服务，解决细小问题，提供各类方便。二是向社区园区延伸。不仅在社区为老人、残疾人、妇女等提供帮助，而且为园区的外来务工人员、农民工子女提供关爱和帮助。三是向专业领域延伸。进入学校、企业、机构等，提供心理辅导、情绪调节等服务，帮助对象解决焦虑、浮躁、担忧、恐惧等问题，逐步改善其现实生活与精神生活。20世纪90年代初期，一位银行女经济师报名做义工，在填表时说道："因为我有慈祥的双亲，所以，我希望天下的老人安度晚年；因为我有过快乐的童年，所以我希望所有的儿童都幸福快乐；因为我有美满的家庭，所以我希望天下有情人终成眷属；因为我有一份安定的工作，所以我希望我的同龄人都能安居乐业，为了报答生活对我的厚爱，我要为我们的社会和身边的那些需要帮助的人们尽一点微薄之力。"[②] 直至今日，这种"让人民生活更美好""让社会生活更温暖"的朴素愿望，仍然是深圳志愿者参与服务、帮助他人的基本动机，也是构成城市美好生活的重

---

① 谭建光主编《邻里守望在中国》，人民出版社，2017，第4页。
② 丁时照：《高举爱的旗帜——记深圳市义务工作者（1994）》，载中国青少年研究中心主编《深圳共青团工作社会化之路》，中国青年出版社，1997，第94页。

要基础。

四、促进共建共治共享

深圳在改革开放"先行一步"的基础上，在新时代再次"先行先试"。"深圳义工"成为加快社会建设、创新社会治理过程中，吸引人民群众共建共治共享的有效途径。深圳立足全市中心工作和民生关切，聚焦现实"痛点"和"热点"，吸引专业志愿者深度参与社会治理，让志愿者走上社会事务的"中心舞台"，大大提升志愿者的成就感和荣誉感。[①] 在原来的团员青年、务工人员、社区居民作为志愿服务主体的同时，深圳市大力发展志愿服务的"新兴力量"，通过吸引机关干部、企业高管、科技人才、创意精英、自由职业人士等参加义工组织，促进志愿服务专业化发展，促进志愿组织焕发生机活力。2015 年 12 月印发的《中共深圳市委 深圳市人民政府关于进一步加强"志愿者之城"建设的意见》提出，"推动志愿服务专业化发展。推动志愿服务法人注册工作，重点培育和发展专业志愿服务组织。出台鼓励行业专业人士参与志愿服务的政策措施，力争专业志愿者队伍达到 1000 支以上"。[②] 特别是贯彻落实习近平总书记提出的"青山绿水就是金山银山"要求，切实做好环境保护、生态发展工作。深圳市率先推广"义工河长"制度，吸引和鼓励志愿者成为常态化"治水服务""环保服务"的活跃力量。时任共青团深圳市委书记刘广阳介绍，2018 年 6 月举办的"首届中国志愿者河长

[①] 《深圳市文明办、共青团深圳市委：坚持社会化方向 让志愿服务成为生活方式》，中国文明网，2018 年 4 月 4 日，http：//www. wenming. cn/specials/zyfw/2017tjh/wzjlcl/201804/t20180404_4645398. shtml。

[②] 深圳"志愿者之城"建设领导小组办公室：《深圳"志愿者之城"建设制度化成果汇编》，2018，第 20 页。

论坛"是全国首个由共青团发起的护河治水专业志愿服务论坛，对推动志愿服务参与护河治水具有里程碑式的意义。论坛通过汇聚国内外专家智库、公益领袖、各界代表，携手共建护河治水志愿服务生态公益网络，其中有三个特点值得关注。一是专业性强。此次论坛将打破地域界限，邀请国内外有丰富经验的治水专家，围绕全球水资源保护及城市环保的趋势与经验、国家生态文明建设和河长制的战略构想、深圳市水资源保护的公众参与路径等方面展开重点阐释，让广大市民群众快速了解当前国内外护河治水的整体情况。二是参与面广。三是落地成果令人期待。① 论坛在党委政府的支持下，广泛吸收社会力量参与"河流治理""空气治理""环境治理""生态治理"等，让社区和园区的群众共同参与、共同奉献、共同出力、共享成果，探索出共建共治共享的社会治理新途径。

五、塑造城市国际形象

深圳市在改革开放中发展，在改革开放中创新，在改革开放中跨越，在 21 世纪初就提出建设"国际化城市"的理念。马洪同志专门提出，"我们还应将随着建设成一个多元化的城市。要进一步发展深圳多元性的城市文化和人文理念，使其更具有原创性、基础性、精英性和国际性。要鼓励居住人口的多元化，实现人力资本的国际化，从根本上加快国际化城市建设的步伐"。② "深圳义工"秉承开放包容的精神，既对国内各地区开放，也对世界各国开放。深圳"大力宣传'送人玫瑰，手有余香'、'来了就是深圳人，来了就做

---

① 《首届中国志愿者河长论坛（深圳）新闻发布会》，南方网，2018 年 5 月 23 日，http：//gdio. southcn. com/g/2018 – 05/23/content_181984896. htm。

② 马洪：《建设更有活力和开放的经济体系，实现制度创新》，载袁晓江《深圳建设国际化城市研究》，人民出版社，2004，第 4 页。

志愿者'的志愿理念，丰富城市人文精神，强化市民的家园意识和对城市的认同感"。① 不论是原有居民还是外来务工人员，不论是中国人还是其他各国人员，来了深圳都感觉回到了"家""家园"，来了深圳都乐意做"义工""志愿者"。为了适应国际化城市建设的要求，共青团深圳市委、深圳市外办印发的《关于组建深圳市国际化城市建设志愿服务队的工作方案》提出，"围绕深圳国际化城市建设的总体要求，分阶段推进国际化城市建设志愿者队伍建设……固化相关成果，初步形成国际化城市建设志愿者队伍的品牌化、社区化、常态化、规范化机制"。② 通过建立机制、提供支持，鼓励来自欧美国家、亚太地区及其他国家和地区的人士参加义工组织、参与志愿服务，一方面为建设"美丽深圳""幸福家园""美好生活"做出贡献，另一方面增强各国人民的归属感、认同感和自豪感以促使其共同感受深圳的点滴进步、细微变化。目前，"全世界知道中国有深圳（特区），全世界知道深圳有义工（志愿者）"成为一种现象，也成为深圳面向世界各国的"亮丽名片"。在中国参与构建"人类命运共同体"，提出"一带一路"倡议，推动"粤港澳大湾区"发展的背景下，"深圳义工"走向国际社会，参与国际服务，扩大国际影响，塑造国际形象，发挥了非常积极的作用，具有非常重要的价值。

---

① 深圳"志愿者之城"建设领导小组办公室:《深圳"志愿者之城"建设制度化成果汇编》，2018，第18页。
② 深圳"志愿者之城"建设领导小组办公室:《深圳"志愿者之城"建设制度化成果汇编》，2018，第157页。

爱的旗帜：一位资深新闻工作者眼中的深圳义工发展之路

丁时照　成　功 *

改革开放之初，也就是 20 世纪八九十年代，一批又一批来自五湖四海的青年人，怀揣新时代的梦想，提着塑料桶、拉着行李箱，只身来到深圳闯荡，在与年轻特区共成长的过程中，故土的疏离、情感的跌落、亲友的无靠让他们苦闷彷徨、心无所依，引用香港习惯叫法的"义工"由此诞生。陌生人的温暖如故人般亲切，再加上"助人自助"的心灵洗涤，让这座"一夜城"充盈着互帮互助的义工精神。

随着深圳经济特区的快速发展，深圳义工服务也开始向纵深发展，义工精神和城市主流文化深度融合，汇聚成爱的洪流，在一个又一个平凡人高贵的坚守和接力中沉淀出超越个人命运的深沉愿望，从关爱个体走向关注城市人的总体状态和城市大的发展方向。以报道社会最新发展变化为己任的新闻工作者，从一开始就不做旁观者，

* 丁时照，深圳报业集团党组成员，《深圳商报》总编辑。成功，《深圳晚报》深度新闻中心主任。

而是将自己定位为耕耘城市精神家园的志愿者。深圳新闻界自始至终凝聚社会广泛共识，密切关注和努力推动深圳义工的发展。

一 深圳新闻界对义工的关注倾注了巨大热情

素以敏感著称，一直守望社会航船的深圳新闻工作者，从一开始就关注义工的发展，为其摇旗呐喊，为其开路护航。

年轻的深圳，义工的起源也清晰可寻。它起源于一个热线服务电话。

20世纪80年代，深圳经济特区的建立吸引了国内外资本的流入，快速推动了区域经济的发展，以"三来一补"为主要特色的基础工业体系创造了大量的就业岗位和创业机会。一批又一批来自全国各地的年轻人涌入特区打拼。然而，快节奏的生活所带来的压力及新旧观念、新旧体制的冲击，时常令他们难以应付自如。在此背景下，1989年9月20日，19名青年组成义工队伍，开通"为您服务"热线电话和信箱，为从祖国各地来深拼搏的热血青年提供力所能及的帮助。

电话和信箱刚开通时，使用者寥寥无几。那个时候的年轻人还是内敛而矜持的，对于自己的苦痛总是羞于开口求助。后来《深圳特区报》《深圳青年》以小广告的形式公布了热线电话和通信邮箱，深圳电台也播报了相关消息。那时候的新闻界是传播信息的主渠道，具有"一呼天下应"的力量。渐渐地，信箱满了，电话也开始多起来。这19名青年在深圳乃至全国率先举起了"义工"的旗帜，率先探索了志愿服务社会化模式。他们一定不会预料到，在2010年深圳经济特区建立30周年的时候，他们在深圳创立的内地首个义工团体

"有困难找义工，有时间做义工"成为最温暖的口号，这件事被评为"深圳经济特区30年100件大事"之一。1989年，入选的还有另外两件事。其一是百万名劳工下深圳，形成了特殊的移民潮，深圳成为最早聚集打工者的城市之一；其二是深圳布吉农产品中心批发市场开业，在中国内地率先探索农产品流通体制改革。如果说布吉农批市场提供的是物质食粮，那么深圳义工团体提供的就是典型的精神食粮。无论是物质的还是精神的，都服务于这座移民城市。

1989年底，《深圳特区报》《深圳商报》等几家报纸发表了《他们应该得到更多的关心——关于外来青年临时工权益保障情况的调查》等文章，从不同角度介绍了志愿者的调查成果；从1990年到1993年，每年都集中介绍义工联关于各种社会热点问题的调查报告，在全市居民中引起共鸣。

1990年4月23日，由46名义工组成的深圳市青少年义务社会工作者联合会在深圳市民政局正式注册成立，成为中国内地第一个义工团体。1990年11月1日，《深圳特区报》刊出《他是一团火》，讲述了时任深圳市青少年义务社工联合会理事长俞泓的故事。俞泓将自己似火的热情献给了青少年，带领理事会进一步完善了青年议事会制度，积极配合市监察局组建青年监察队，相继落实了外来青年、大中小学生、青年干部职工、个体青年、青年突发事件、青年综合性问题等一系列调研工作。"我愿尽自己的能力去帮助需要帮助的人，为社会做点实实在在的事情！"俞泓常说。

"送人玫瑰，手有余香"。深圳义工给这个移民城市增添了浓浓的人情味，他们是深圳人最柔善的心灵守望者。1991年，深圳人提出了"送人玫瑰，手有余香"这一理念。这个理念后来成为著名的"深圳十大观念"之一，深圳一位资深的新闻工作者说："在'学习雷锋好榜样'26 年之后，深圳用'送人玫瑰，手有余香'这句话率先回答了'学习雷锋图个啥'这个不是问题的问题。""送人玫瑰，手有余香"是印度谚语，英国也有同样的谚语："The rose's in her hand, the flavor in mine."它在深圳的流行，说明了它是时代的产物。

1992 年 7 月 10 日，《深圳特区报》头版发表《飘扬在特区的"义务"旗帜》一文，对深圳市义务社会工作者联合会进行了系统的介绍。报道反响热烈，一个多月内，义工联接到 900 多人的感谢或赞扬的电话，其中有 154 人申请加入义工联；内地报社或共青团组织纷纷来深圳采访或取经，中国社会科学院一位专家还主动牵线，帮助深圳与国际青年志愿者同盟取得联系；还有企业家慷慨解囊，帮助培训义工。

1993 年，深圳市青少年义务社会工作者联合会开始开拓工作新领域，推动各项服务走向正规化和专业化。与此同时，新闻媒介将志愿者作为社会正义和爱心的代表，经常性地宣传义工联成员的服务活动，促进了义工联的成长与发展。到 1993 年底，深圳市青少年义务社会工作者联合会已经成长为拥有 400 多位个人会员、具有一定影响力的社会代表性团体。

1994 年，《深圳商报》发表了报道深圳义工的长篇通讯《高举爱的旗帜》。文章共九个部分，10726 字，以普通市民桂姐、云姨、蔡柱杰、文英姐妹为对象，讲述了深圳市青少年义务社会工作者联合会的故事，成为国内首次大规模报道义工的文章。在许多人眼里，义工与深圳似乎总有些格格不入，甚至有人称义工为"深圳的一群逆行者"。然而，义工联的成员们，他们来自各种职业，他们之中年龄最大的 75 岁，年龄最小的才 14 岁，他们统一在爱的旗帜之下，用自己的行动有力地证明了义工精神是深圳精神的完美体现。此时，深圳义工已有 800 人。长篇通讯《高举爱的旗帜》一经发出，反响热烈，曾被谭建光、胡东辉、陈东林等多名学者引用，并被收录到1997 年中国青年出版社出版的《深圳共青团工作社会化发展之路》一书中。

1994 年，市青少年义务社会工作者联合会相继采取拓展服务项目、健全服务组织、取消入会年龄和学历限制等一系列措施，推动义工队伍从精英化向大众化转变，使义工规模迅速扩大。同年 5 月25 日，深圳首家区级义工联成立。对此，《深圳特区报》进行了报道。罗湖区青少年义务社会工作者联合会立足青少年，面向社会，为广大青少年发展成为社会有用之才提供各种有益的教育。38 名志愿为青少年的健康成长和发展从事义务工作的各界人士，成为深圳首批区级义工联成员。

二 红马甲的队伍越来越壮大

1995 年，深圳市青少年义务社会工作者联合会更名为"深圳市义务工作者联合会"，一个全市性的志愿者组织开始形成。

同年 9 月 18 日，《深圳特区报》刊出《我市无偿义务献血者突破两千》，号召市民投身于公益事业。自推行市民无偿献血规定以来，深圳市一直走在全国前列，参加无偿献血的人数逐年上升，显示了市民良好的素质和爱心。

1996 年 8 月 20 日，时任市委书记厉有为就义工精神及开展向深圳市义工联学习的活动接受了各主要新闻单位的联合采访。在采访中，厉有为提出，义工联的所作所为实际上发扬了"开拓、创新、团结、奉献"的深圳精神，并通过媒体向全市号召，希望全市各行各业都来支持义工联的工作，也希望有条件的党员干部和群众积极参加义工联的活动。同年 8 月 21 日，《深圳特区报》以"参与、互助、奉献、进步"为题进行了报道。1996 年 8～10 月，即市委书记第二次发表义务工作讲话的三个月期间，各种传媒对深圳市志愿服务的报道达 560 多条（次）。其中，国家级新闻机构和刊物报道有 20 多条（次）。这种密度高、覆盖面广的宣传报道，使得义工联的事迹家喻户晓，义工联成为每一个特区人都知道的社会团体。

随着工作的逐步开展，义工们的活动在关注个人命运的同时，更注入了为社会进步而努力的理想。他们服务社会，深入社区街巷庭院，开展敬老护幼、助残抚孤、帮困排难、互助互济的社区服务和社会互助活动；他们走出深圳，到贵州大山进行支教扶贫。1998 年 6 月 20 日，深圳市组建全国首批研究生支教团，承接中央文明办、团中央"青年志愿者扶贫接力计划"，到贵州毕节、黔南州地区支教。招募启事于 7 月 9 日在《深圳特区报》上刊出后，全市青年踊跃参与，截止到 7 月 30 日，总计 3600 多人咨询和报名。团市委根据报名者个人、家庭和单位等情况，最后选定了 20 人赴黔支教扶贫。自此，"募师支教"行动成为深圳志愿服务的响亮品牌。7 月 26 日，在《深圳特区报》第 6 版刊出的《无私奉献的志愿者扶贫接力 功在当代光耀千秋》中，每一位志愿者都讲述了自己的心路历程。他们不畏艰难、勇于奉献的崇高精神得到了社会各界的赞赏。

"做义工，是一种荣幸，也可学到很多东西。有时感到累，但累在身上，甜在心里。"陈俞明说。1999 年 9 月 20 日，在"为您服务"热线电话和信箱开通十年之际，《深圳商报》走访了首批的 19 名义务工作者中的黄丽萍、陈俞明、董世革、俞泓、陈耀文，刊出

《全国第一支义工队伍》一文，回顾了深圳义工联走过的路。回顾历史，继往开来。10月，深圳市组织"万名志愿者服务高交会"活动，《深圳特区报》对此进行了报道。"万名志愿者服务高交会"的服务经验得到全国同行的称赞以及团中央的表彰。自此，"红马甲"遍布历年高交会、文博会、慈展会等，深圳的志愿服务也逐步走上项目化运作轨道。

2000年的"国际义工日"，也是深圳市义工联成立10周年纪念日。时任省委副书记、市委书记张高丽和市领导李容根、刘涛、李意珍、袁汝稳与来自深圳市各行各业的26名义工代表亲切座谈。12月6日，《深圳特区报》刊出《深圳义工十年筑起精神文明丰碑》一文，对此次座谈进行了报道。10年来，市义工联做了大量有益于群众、有益于社会、有益于深圳两个文明建设的工作，为深圳的改革开放和现代化建设做出了重要贡献；义工联已成为深圳市民参与精神文明建设、提高文明素质的重要载体，成为共青团团结教育青年的重要手段，成为青年成长成才的重要途径。

义工们这种不求名、不求利、无私奉献的精神，有效彰显了文明新风，在各大媒体的大力传播下，引起社会各界的强烈反响，市政府也给予其莫大的重视和支持。截至2000年11月底，深圳市义工队伍从创建之初的19人发展到在册39500多人，11年时间壮大了2000倍，他们作为一支生力军，有力地推动了深圳市群众性社会主义精神文明建设。

三　义工实践结出精神文明硕果

新世纪的新机遇为全国各地带来了新面貌，在充满活力和进取精神的深圳，人们也在加倍努力地探索更广阔的空间。深圳义工们把握住历史的机遇，积极推动志愿者事业与国际接轨，再为全国志愿者事业做开路先锋。深圳在经济发展和城市建设中取得的成就，以及深圳独特的城市文化和深圳义工事业十余年的探索成果，也让这一时期国际志愿者的目光纷纷投向了这座南海边迅速崛起的城市。

2001 年，中国"国际志愿者"最重要的活动之一——"四海同心——2001 国际志愿者庆典晚会"在深圳大剧院举行。2001 年是首个"国际志愿者年"，这次晚会将是全球庆祝活动的重要组成部分。参加晚会的共青团中央志愿者行动指导中心主任、中国 2001 年国际志愿者年委员会秘书长卢雍政认为，深圳志愿服务曾经创造了三项全国之最：一是起步最早；二是社会化程度最高，走出了一条良性循环的发展道路；三是运行机制领先，已形成一套完整的工作体系。谈到这一庆典晚会在深圳举办的原因时，卢雍政认为，深圳志愿服务的发展在中国志愿服务发展史上具有重要地位，从全国志愿服务工作的角度来说，选在深圳举行这个具有特殊意义与广泛影响的大型晚会，代表着对深圳志愿服务事业多年以来所取得的成就的认可和尊重。

"当我得知自己是广东省首个赴国外支教的志愿者时，我太高兴、太激动了！我要为深圳争光！"2002 年 5 月，时任贵州毕节长顺县威远中学副校长、被评为贵州省优秀青年志愿者的李泓霖经过层层选拔脱颖而出，成为全国首支青年志愿者海外服务队的队长，奔赴越南支教。李泓霖说，他要努力传播中国文化，展现深圳人开拓奋进的精神。在"中国志愿者跨出迈向世界的第一步"的消息被《深圳特区报》《深圳商报》等各大媒体纷纷报道后，越来越多的市民了解了志愿者，并申请做志愿者，为义工服务队伍注入了新鲜的血液。不久后，一批又一批的国际志愿者作为祖国的形象代言人，走上世界志愿者舞台。《深圳商报》特派一名记者作为深圳赴缅甸支教的义工之一，全方位地体验跨国支教义工们的生活，以便更翔实、更生动地向外界呈现义工们的爱心之旅和心路历程，让更多的人通过报纸了解深圳义工。

2004年，深圳市义工联成功注册为"全球青年服务日"组织的中国代理机构，成为该组织在中国内地的第一个正式的地区办事机构，"深圳义工"这个尚且新鲜的名词也随着国内外媒体的报道而日益出名，成为全世界青年志愿者关注的焦点。孟加拉国中央青年论坛的主席瑞伯年在得知深圳义工将开展"全球青年服务日"的活动后，特意来函表示希望加入。来自巴西圣保罗、美国和加拿大的一些国际志愿者团体也"频送秋波"，希望能与深圳义工开展交流合作。

正如1994年发表在《深圳商报》上的《高举爱的旗帜》一文所说，"深圳义工是特区这块改革开放实验田中长出的精神文明之树"。繁荣的经济是它的土壤，互帮互助的城市精神灌溉着它，五湖四海的多元思想滋养着它，勇于开创的特区精神激励着它，多力合并，一起推动深圳义工在国际舞台上展现深圳崭新的面貌和澎湃的精神。

在走向国际化的同时，深圳义工组织也在不断增强自身的规范化和法制化。

2005年7月1日，我国内地第一部规范义工工作的地方性法律《深圳市义工服务条例》（以下简称《条例》）出台。《条例》将"深圳市义务工作者联合会"更名为"深圳市义工联合会"，并从法理上明确义工的权利和义务，如将"无偿并非无责，义工重大过失要问责，严格限制滥用义工……"以文字的形式确立下来，标志着深圳志愿服务工作迈上新的台阶。对义工志愿者个人来说，权利与义务对等，其才会有参与义工活动的持久激情；对于义工组织的发展而言，按照社会的内在规则建设组织结构，其才能健康地成长，更快速、更平稳地推动义工服务深入大众生活。

2005 年组织评选第一届"深圳市百名优秀志愿者"，规定非深户籍获奖者可免试招调落户深圳，而且市劳动局和社会保障局为"百优"义工提供一次免费的自选技能培训。深圳随后在全国率先实施志愿服务积分入户政策，充分体现一座城市对志愿者的认可和接纳。

2006 年，深圳市政府将每年的 3 月 5 日确定为"深圳义工节"，深圳成为中国内地第一个设立义工节的城市，这是深圳志愿文化在城市生活中的鲜明体现。

据"深圳新闻网"报道，2008 年 5 月 14 日，即汶川大地震发生后的第二天，深圳义工联决定公开招募一支"深圳青年义工突击队"前往灾区开展心理干预和疏导工作，帮助灾区青少年渡过难关。这是共青团组织中第一批到达灾区的志愿者队伍、第一支心理危机干预志愿者队伍，也是接力服务时间最长的一支志愿者服务队伍。他们的出现为震后的人们带去了安慰和温暖，鼓舞他们振作起来、重建家园，用行动诠释了"汶川不哭"的内涵。

2010 年，"送人玫瑰，手有余香"入选"深圳最有影响力十大观念"。义工们纷纷表示，"送人玫瑰，手有余香"是鼓励义工奉献爱心的格言，是深圳义工的理念，是深圳这座移民城市大力弘扬的关爱行动的具体表现。"送人玫瑰，手有余香"正在升华为深圳的城市精神，并逐渐固化为特区人的一种生活内涵，成为深圳最为亮丽的城市名片，激励着一批批来自五湖四海的移民，让他们把自身对真情的理解、对梦想的憧憬、对情感的寄托汇聚成整个城市的爱心涌流，在所有人的心中流淌。

四 义工是新的"最可爱的人"

走在大街上，义工们是最亲切的人，在帮困助弱的活动中、高交会现场、文博会现场、地铁站、春运售票处等都能看见熟悉的穿着红马甲的身影，他们总是以微笑相回，以细致耐心的行动相助，他们为整个城市精神面貌的提升做出了极大的贡献。还有部分贡献特别突出的义工们，他们的事迹经过媒体的报道，在全社会引起了强烈的反响，他们对于真情的理解、忘却小我的奉献精神和从容谦卑的为人态度由此在整个社会得到了广泛的传播，也创造了新的社会风尚。

2006年7月，《晶报》发表了一篇关于深圳义工丛飞的报道，介绍了丛飞的感人事迹。丛飞是深圳的青年歌手，十多年来，他先后资助了178位贫困失学儿童和残疾人，生动地回答了在市场经济条件下，一个普通的公民如何发扬社会主义思想道德、一个文艺工作者如何做到德艺双馨、一个共产党员如何保持先进性的重大问题。不幸的是，丛飞在2006年因病去世，年仅37岁。他用短暂的一生诠释了光和热，谱写了一曲助人为乐、无私奉献的动人乐章，他的精神至今仍然像灯塔一样引领、激励后来的人们投入服务他人的行动中。

《深圳特区报》在1995年报道了一名普通的沙头角人——陈观玉。这位婆婆童年清贫凄苦，但耳濡目染了母亲的善良，一直秉承着一个简单的人生原则——助人为乐。在惠东洪水成灾时，她寄去了100元和一副亲手绘制的焦裕禄头像，鼓励惠东群众克服困难、重建家园；在电视上看到供不起孩子读书的贫困家庭时，她便记下地址，第二天就寄去了 1000 元。统计下来，她 30 多年来捐出去的钱有将近 200 万元。她的钱一部分来自股票，一部分来自房租。1987 年，深圳发行首批股票，她是党员，就觉得应该带头支援国家建设，于是把香港亲戚给的治病钱全部买了股票，没想到过了 3 年，即 1990 年时，她意外获得了 45 万元的巨额回报。在她拿到钱的当天，全家开了家庭会议，商定"把这笔钱用于帮助有困难的人"。按照报纸上收集来的求助信息，她列出了一长串困难户、希望工程、贫困山区、残疾人、部队的名单，然后把钱按 2000 元或 3000 元一份份分好，装进信封，一下子捐出去 30 多万元。后来，她又把楼租出去，拿了租金后再继续捐出去。2016 年，《深圳晚报》大型口述史刊载了陈观玉的口述文章，这位深圳老义工的字字句句感人至深。

义工们的奉献无论大小、多少，都饱含着推动社会越来越好的美好期望。志愿精神是对个人价值、世界、人生的一种积极态度，这些可亲可敬的志愿者让社会充满温情，温润了城市的精神面貌。魏巍曾写下《谁是最可爱的人》歌颂解放军战士的无私奉献精神，而这些义工们正是我们身边新的"最可爱的人"。

五　永不老去的 U 站，永不褪色的文明

2011 年，以服务第 26 届世界大学生运动会为契机，志愿服务实现跨越式发展，深圳在全国首次系统化提出建设"志愿者之城"，致力把深圳打造成一座乐于奉献的城市。第 26 届世界大学生运动会在深圳举行，深圳 127 万名志愿者投入各种服务中。其中，志愿服务 U 站成为城市一道亮丽的风景线，也成为媒体关注的焦点。义工们真诚待人、热心服务，被媒体亲切地称为"U 哥""U 姐"。新闻工

作者将他们那种自然而生的使命感与担当感向全国乃至世界传播，展现出深圳志愿服务的国际水准。

深圳大运会志愿者首次亮相的大运舞台是 2011 年 4 月份的代表团团长大会，其间，183 名优秀赛会志愿者为参会人员提供车辆导乘、餐饮住宿和语言翻译等服务。《晶报》记者采访到了葡萄牙代表团团长 Duarte Lopes，他对志愿者的服务很满意，并表示志愿者的服务让他结交到了新朋友。"我喜欢到处有朋友，有很多朋友，这样我会有回家的感觉。"大运会还未正式举办，国际友人对深圳志愿服务便已表现出高度肯定。

《晶报》上的文章《国际视野下的志愿服务更精彩》通过列举具体案例，分析了深圳志愿服务的国际化发展进程。该文从"我在这里，青春更精彩"这一大运会志愿服务核心理念出发，指出"这里"可以是地理概念，也可以是情感指向，二者都是无疆的。多哥女运动员 NANA 与深圳援非志愿者、盐田外国语小学体育老师蒋卫在深重遇这一例子，是深圳志愿者走出国门服务世界的见证，是深圳志愿服务越来越具国际化的缩影。在为大运会服务的深圳以外的志愿者里，100 名来自欧盟，100 名来自俄罗斯，而来自我国香港的志愿者则多达 800 名……这一连串的数字背后，是世界志愿者们"走进来"的体现。当然，深圳志愿者早在 2002 年就已经"走出去"了。在这种交汇融合中，深圳志愿者不断开阔视野，使志愿服务的"深圳质量"不断提升。

志愿服务已经成为深圳一张重要的国际名片，志愿者们用专业化、国际化的服务，生动诠释了"我在这里"的内涵。

《深圳晚报》中的报道《有 U 站的地方就有志愿者服务》提到，"永不老去的城市 U 站，永不褪色的文明旗帜"。U 站作为深圳志愿服务的前沿阵地，从 2011 年大运会开始，便持续发挥它的突出作用。2017 年，全市 58 家城市 U 站成为深圳创建文明城市工作的宣传阵地，持续开展宣传工作，大力宣导文明城市创建，不断提升城市精神文明。

《深圳晚报》记者分析，志愿活动只有跟随时代发展，不断创新服务方式，才能激发市民参与热情。团市委实施"互联网 + 志愿服务"战略，借助腾讯、阿里两大平台，在全国率先同时在"腾讯微信""阿里支付宝"两大平台上开通线上志愿服务，发布项目，招募志愿者。团市委于 2017 年 3 月份举办首届深圳志愿文化峰会，搭建志愿服务交流平台，邀请几百名志愿者为深圳"志愿者之城"2.0 建设建言献策，使深圳的志愿服务走向国际交流。

六　深圳初步建成"志愿者之城"

大运会结束后，"U 站"这一大运会期间的标志性志愿服务设施被保留下来。同时，为了继续推动全市志愿者服务事业的发展，市委、市政府于 2011 年 12 月召开了建设"志愿者之城"的动员大会，并下发了《关于建设"志愿者"之城的决定（征求意见稿）》。至此，深圳成为全国第一个系统提出建设"志愿者之城"的城市。

《深圳特区报》等媒体深入解读相关政策。《关于建设"志愿者"之城的决定（征求意见稿）》提出了"到 2015 年，志愿服务事业发展达到国际城市的先进水平，'志愿者之城'初步建成"的总体目标，从社会参与、组织建设、机制保障、志愿精神等方面勾勒了"志愿者之城"的建设蓝图，并探索性地提出了全市志愿者人数达到常住人口 10% 的等量化指标。

《关于建设"志愿者"之城的决定（征求意见稿）》下发后，据《深圳特区报》报道，时任省委常委、市委书记王荣和时任市长许勤兴致勃勃地穿上了红马甲，来到中心书城的U站做起了义工。王荣表示，志愿服务不在乎你能参与多少次，能参与才是最重要的，"我们希望人人都能献出一份爱心"。若能够全民参与，社会公益事业就会更加深入人心，深圳就会更文明，人们就会更幸福，而"志愿者之城"也一定能够建成。

2012年3月，《"志愿者之城"建设指标体系（征求意见稿）》发布，指标体系包括社会参与指标、组织建设指标、社区服务指标、服务发展指标、文化建设指标以及资源保障指标六大类，力争使深圳到2015年建成"志愿者之城"。

2012年底，深圳"志愿者之城"建设又有新动作，深圳市志愿服务基金会正式成立。据《深圳商报》报道，截至12月2日，基金会募集原始资金共计1333万元，其中社会捐赠到账833万元。基金会将主要资助志愿服务项目、志愿服务推广和志愿者培训等领域。2013年3月，深圳推出全国首张证卡分设多功能电子义工证，建立智慧型"志愿者之城"信息化体系。全市40多万名志愿者陆续拥有专属的"电子身份证"，只要将电子义工证在配套终端上刷一下，所有服务就尽收眼底。2014年3月，"志愿深圳"微信公众号服务平台正式上线，义工和市民可以通过平台在线报名参加服务、查看全市志愿组织信息与服务咨询等。媒体敏锐地发现，"志愿深圳"手机应用、志愿服务PC端信息化平台、电子义工证、POS考勤终端机已全部推广运行，至此，一库、多终端的智慧型"志愿者之城"信息化体系正式形成。

2015年是"志愿者之城"建设成果的验收之年，深圳不负众望，交了一份漂亮的答卷。同年 12 月 5 日，全市"志愿者之城"建设工作总结大会在深圳会堂召开，人民网等多家媒体及时将答卷亮出。深圳"志愿者之城"建设阶段性目标已经完成，全市注册志愿者数目已经达到 120.9 万人，占常住人口的比例达到 11.2%；全市涌现出志愿者组织 9464 个，专业志愿者服务队伍数目达到 522 支，社区志愿服务 U 站总数达 192 个。同时，市委、市政府印发《关于进一步加强"志愿者之城"建设的意见》，部署了未来五年的"志愿者之城"建设任务，以打造"志愿者之城"升级版。

七 打造"志愿者之城"升级版

伴随社会的转型升级和互联网时代的发展，为克服"志愿者之城"1.0 建设期间活动型、项目式发展中存在的问题，团市委提出打造制度化、岗位化、信息化的"志愿者之城"2.0 模式。

2016 年 3 月，《深圳特区报》刊发评论《以创新精神打造"志愿者之城"2.0 版》，指出了打造"志愿者之城"2.0 版的必要举措。需要以改革创新精神，实现社会化动员，让志愿服务承接政府职能；实现信息化支撑，让志愿服务无缝对接；实现制度化推进，让志愿服务规范有序。需要以改革创新精神，做到精准化发力，让志愿服务代表"深圳标准"；做到专业化发展，让志愿服务体现"深圳质量"；做到品牌化推广，让志愿服务融入"深圳精神"。

2017 年 3 月，首届深圳志愿文化峰会成功举办。会上，数百名"红马甲"齐聚一堂，为深圳"志愿者之城"2.0 建设建言献策。人民网等媒体抓住了峰会的重点，即探讨志愿服务如何从"做好人、做好事"向"做好社会"转变。峰会还发布了三大行动计划：志愿服务融合互联计划、志愿服务国际交流计划及志愿服务功能提升计划。

经过不懈努力，"志愿者之城" 2.0 实现了志愿服务的 "常态化"。志愿者、义工联等通过成功总结志愿服务 U 站的岗位化服务模式，推动 U 站的连锁品牌运作，打造 "互联网＋志愿服务" 的模式，形成线上和线下志愿服务的立体发展格局。

2017 年 7 月，媒体出现对 "志愿者之城" 3.0 的展望。7 月 15 日，第二届深圳原创之声的首场活动——探索 "志愿者之城" 3.0 在中心书城拉开帷幕，共青团深圳市委员会、深圳市义工联合会的代表莅临中心书城，与现场观众共话深圳义工的故事。深圳新闻网的报道提到，3.0 版本的志愿服务是从提供社会服务向参与社会治理迈进，即从敬老爱幼、帮困助弱层面向志愿者、义工参与护河治水等深度参与社会治理转变，进而达到凝聚社会共识的目标。全球瞩目的第 19 届国际植物学大会在中外嘉宾的掌声中完美落下帷幕，该大会的成功举办离不开每一位志愿者的辛勤付出，《南方都市报》报道称，继成功助力大运会之后，深圳 11 万名志愿者护航第 19 届国际植物学大会，为深圳建设 "志愿者之城" 3.0 提供了有益的探索。报道还强调，"志愿者之城" 3.0 的重要特点是志愿服务的专业化、法治化，强调志愿服务不是做 "锦上添花" 的事，而是做 "雪中送炭" 的事，最终凝聚社会共识，实现社会主义核心价值观的最广泛传播和普及。

2018 年 2 月，全市志愿服务工作部署会召开。《深圳晚报》及时播报了会议精神，详细解读了会议内容。会议提出，要以制度化、专业化为引领，推动志愿服务从提供社会服务向参与社会治理、凝聚社会共识跨越，共同打造 "志愿者之城" 3.0。时任共青团深圳市委书记刘广阳说，计划加强与 "一带一路" 沿线国家和地区的城市志愿服务交流互鉴，举办 2018 年"一带一路"志愿服务国际合作（深圳）论坛，对标国际，借鉴并提高自身。另外，打造"志愿者之城"3.0，本质就是要提升志愿服务的质量。2018 年被确定为志愿服务的"规范管理年"，深圳将紧紧围绕志愿者行为规范、时间记录、经费使用等容易发生问题的环节，狠抓制度建设和日常管理，树立制度意识，确保志愿服务规范安全运行。

结　语

1989 年至今，深圳的志愿服务工作已经走过 30 个年头，新闻媒体在这段发展进程中扮演了推广者与发掘者的角色。最开始，媒体主要任务是向民众解释义工这一新兴团体；随后，新闻报道中不断出现义工的感人事迹和助人过程，让民众深入了解义工的存在意义，推动"人人争当义工"理念深入人心；随着志愿者管理体系的完善，以及"志愿者之城"等建设目标的提出，媒体对政策法规做了充分的解读。

新闻人始终践行自身作为"新闻志愿者"的责任，以新闻舆论的软实力，为社会传达深圳志愿者精神的正能量。因此，在媒体的推动下，深圳志愿者精神获得了社会各界的广泛认可。深圳全体志愿者的凝聚力也逐渐提高，长期勤恳、默默无闻地付出。当前，深圳正在全力打造"青年发展型城市"和"志愿者之城"3.0。深圳新闻界的志愿者队伍也随着 3.0 时代的到来而大规模扩容，这不是期许，而是每个人都能看到的未来。

深圳义工，与经济特区共创辉煌

贾英竺[*]

　　1978 年 12 月，在北京召开的中国共产党第十一届中央委员会第三次全体会议开启了中国改革开放历史新时期。改革开放来，中国发生了翻天覆地的变化，各项事业取得了举世瞩目的成就，犹如皇冠上的明珠一样璀璨，位于南海之滨的深圳正是最耀眼的那一颗。1979 年，深圳建市；1980 年，深圳经济特区建立。经过四十多年的快速发展，深圳从一个人口不足 3 万人的海滨小镇，一跃成为常住人口超过 1300 万人的现代化国际化大都市和全国性经济中心城市，经济规模稳居国内前列，城市面貌焕然一新，现代文明弥漫每个角落，创造了世界工业化、城市化、现代化史上的奇迹。在这个城市中，有这样一群人，一直润物无声地为城市发展贡献着力量。他们默默无闻却无处不在，他们低调却从未被忘记，他们就是深圳志愿者，一个注册会员超过百万人的庞大人群。"来了就是深圳人、来了就做志愿者"如今已经成为深圳志愿者响彻世界的口号。

　　志愿服务，源于英文 Volunteer Service，是指"任何人自愿贡献

＊　贾英竺，深圳市城市发展研究中心主任。

个人的时间和精力，在不为物质报酬的前提下，为推动人类发展、社会进步和社会福利事业而提供的服务"。志愿者作为参与社会服务的重要力量，在我国较早出现在香港和澳门等地。在这些地区，政府和市民习惯将志愿者称为义工。深圳毗邻港澳，是中国内地志愿服务的发源地，受港澳影响有时也将志愿者称作义工。

改革开放　特区建立　义工组织诞生

1979 年 3 月深圳建市时，城区面积仅 3 万平方公里，城镇人口两三万人，市容陈旧破烂，连交通指挥岗和红绿灯都没有，是一个名副其实的"小渔村"。1980 年 8 月 26 日，深圳经济特区正式建立。随着改革开放政策全面推进，深圳经济开始起飞，工业化进程加快，城市建设突飞猛进，本地生产总值以年均30%左右的速度高速增长，1979 年不足 2 亿元，1987 年突破 50 亿元，1989 年突破 100 亿元。

经济发展往往伴随人口迁徙。深圳经济特区建立之初，大江南北旋即涌起了"支援深圳，建设特区"的滚滚热潮，一大批建设者从四面八方奔赴深圳。改革开放后，劳动力市场政策逐渐放宽，人口南下迁徙进一步加剧，1989 年达到高潮，百万民工的"南下潮"让深圳成为外来工聚集最早、最多的城市。从 1980 年至 1990 年，深圳常住人口增加了 5 倍，由 33.29 万人增加至 201.94 万人，户籍人口占比由96.4%减少至34%，暂住人口占比由 3.6%增加到66%，增加的人口主要为外来人口。

人口的急剧增加为深圳经济建设发挥了巨大的作用，也带来了各种社会问题。大量民工进城，由于文化的碰撞、生存方式的变化，他们在给城镇带去活力的同时，也带去了纷乱和冲突，给城乡的政治、经济、文化、人口带来一系列管理问题。"独在异乡为异客"，外来建设者在陌生环境中迫切需要得到情感和物质支持，特别是每年春节后的2、3月份，大批外来工到深圳寻求职业，在工作或生活中遇到各种困难、困惑，如外资企业劳资矛盾、不同区域员工冲突、外来人员对地区文化的隔阂等，希望能得到切实的帮助，尽快融入这座新兴城市。

在市场经济大潮中，深圳人在相互竞争中对互爱的渴望、对互助的追求，比任何地方都显得更为迫切和强烈，"奉献爱"已经成为一种社会需求。"先富带后富"的责任意识，特别是毗邻港澳，受境外文化的影响，逐步吸收了外国、我国港澳人道主义精神的因素，也使深圳人格外热心于社会公益事业，赋予了人们一种乐于助人、甘于奉献的特质。

作为改革开放的经济特区，深圳人的思想特别活跃，对新事物的了解和接受特别快，尤其是一批团干部、青年精英，以灵活多样的方式尝试各种思想创新、行为创新，大胆实践、大胆应用。早在80年代中后期，深圳就陆续出现各种服务活动，比如率先建设"大家乐"的大众健康娱乐活动，率先推行"团员证"，加强流动团员管理等。在这些努力的基础上，终于探索到动员青少年参与社会服务、帮助有需要的人群的最佳形式——义务工作。

1989年9月20日，19名青年志愿者开通了"关心，从聆听开始"青少年服务热线电话，组建了内地第一支志愿者队伍，率先探索志愿服务社会化模式。1990年4月23日，深圳成立全国第一个法人志愿者组织。

经济发展　特区腾飞　义工规模扩大

深圳的义工组织成立之初，志愿服务活动分散于社会生活的各个层面，以自发活动为主，服务项目单一，群众参与面较窄。随着经济发展的突飞猛进，城市发展日新月异，对志愿服务的需求与日俱增，推动了义工事业的大发展。另一方面，义工事业的快速发展，为城市的蓬勃发展也提供了强大的支撑。

1992年，邓小平同志南方谈话后，深圳这块热土辐射出更加巨大的磁场，港台企业纷纷在深圳投资办厂，主要以"三来一补"产业为主。1995年以后，深圳抓住国际上IT产业崛起，发达国家制造业向发展中国家转移的历史机遇，逐步限制、停止"三来一补"产业，大力发展高科技产业。从1980年至2010年，深圳国内生产总值从2.7亿元增至9511亿元，位列全国大中城市第四位，年均增速24.7%，创造了举世闻名的"深圳速度"；人均国内生产总值从835元增至9.4万元，位居国内大中城市首位。

一切社会现象都是经济发展的直接或间接表现。霍布金斯大学大型国际比较研究表明，经济发展与社会组织发展呈现高度的一致性，发达国家的公民社会水平普遍高于发展中及转型国家。经济发达的国家也是社会组织在社会经济结构中占比较重的国家。从欧美国家以及中国港澳台地区义工发展来看，志愿服务与经济发展关系密切，经济发达地区的生活富裕的人在获得自己的幸福时会产生回报社会、服务社会的愿望。

由于物质文明和精神文明发展的需要，深圳的人们在这一时期加入义工组织的热情高涨，义工队伍步入稳步成长期。1995年，深圳市登记义工2万余人，到2010年增至25万余人，位居全国前列。义工队伍的壮大主要源于两方面的因素。

一方面，为了满足社会需求，义工组织降低入会门槛，从精英化向大众化转变。1994年以前，深圳市义工联的入会条件之一是大专以上文化程度，初期的义务工作者几乎都是大学毕业水平，来到深圳已有一段时间，在机关或企业中具有一定地位，生活需求得到了较好满足，基本属于社会精英分子。1994年以后，义工联取消了学历要求，使得义工规模迅速扩大，义工队伍从精英时代转变为大众时代。

另一方面，随着社会对义工联关注程度的日益提高、新闻媒介对志愿服务报道的日益增多，深圳市政府也逐渐重视这一民间团体的功能，并促成对义务工作的支持网络。1994年5月，时任深圳市委领导专门参加义工联代表座谈会，指出"义工精神是深圳精神完美体现"，要求全社会支持义工事业、倡导义工精神。同年，市政府为义工联秘书处增加人员编制和每年20万元的工作经费，1996年增加为四个正式人员编制和每年40万元的工作经费。此后，政府对义务工作不仅从资金、人力上给予支持，而且吸引义工团体参与重要社会事务。有了市委市政府的支持，义工组织更容易在社会上获得资源，也更容易赢得弱势群体的信任，发展也更顺利、更迅速。

随着义工人数的增加，义工组织社会服务范围逐步扩大。义工组织成立初期，主要针对外资企业、"三来一补"企业中劳资矛盾增加、外来青工利益受损害的状况，通过设立热线电话、热线信箱和开展社会调研，维护外来青工的权益。

从1990年开始，包括深圳在内的国内城市出现了城市贫困问题：下岗和失业、养老保险制度的缺陷、通货膨胀和通货紧缩，以及贫富差距的拉大。针对这些新的社会问题，义工组织开拓了学生辅导服务、法律援助服务、老人服务、残疾人服务、病人服务、孤儿服务等，如"生命之光"病人服务组、"与你同行"残疾人服务组、"松柏之爱"老人服务组、学生辅导服务组、法律援助服务组、义工艺术团等。到 1999 年，服务活动由原来的几个项目发展到 13 大类 30 多项常规服务，受到社会的广泛欢迎。

进入 21 世纪以来，深圳经济社会的转型和发展使得社会分工更加细化，人群分化更加严重。义务工作者开展"关爱行动"、实施"暖流行动"，对弱势群体成员进行深入细致的服务，向特困学生提供物质帮助和学习辅导，为遇到困难的外来青工提供资助，深入劳教所、戒毒所、老人院、孤儿院开展具体服务。义工事业的发展，不仅帮助社会解决部分问题，更重要的是向社会传递一种信心：有爱心、有热情的人愿意与困难群体共同克服困难、重建生活，给人们带来生活的希望。

义务服务的地域范围也进一步扩大。义工发展初期主要是为深圳行政区域内的市民提供服务，20 世纪 90 年代后期逐渐成为欠发达地区、贫困山区服务，如参与省青年志愿者协会发动 16 个发达地区的县、区对口帮助 16 个贫困地区的镇村修建 16 条"青年志愿者路"，参加青年志愿者文化"三下乡"服务，选拔优秀志愿者到贵州山区义务支教，发起为西北地区捐助希望小学、捐助医疗设施、捐助文化设施的活动，并前往新建、西藏、甘肃、陕西等地区进行志愿服务等。进入 21 世纪后，深圳还派出义工参与国际服务，前往老挝、缅甸、多哥等贫困国家提供服务，引起了强烈反响，使深圳义工的名声在国内外得到广泛传播。

国际化城市　第 26 届世界大运会　义工跨越发展

深圳经济特区自建立以来就提出国际化发展定位，既是国家发展战略的要求，又是毗邻港澳发展的需要。深圳义工率先借鉴和实践国际化义工模式，使东方文化与西方文化、人道主义与慈善互助、个性体现与集体合作得到较好的融合，成为现代国际化城市建设的标志之一。

1995 年，深圳第二次党代会报告明确提出，深圳要初步建设成为社会主义现代化的国际性城市。2005 年，第四次党代会报告提出，要努力把深圳建设成为亚太地区有重要影响的国际物流枢纽城市、国际金融贸易和会展中心、国际文化信息交流中心和国际旅游城市。2010 年，第五次党代会报告提出，瞄准建设现代化、国际化先进城市的目标，坚持不懈地奋斗下去。2015 年，第六次党代会报告提出，深圳要建成现代化、国际化、创新型城市。

深圳义工组织产生和发展的年代，正处于全球化浪潮席卷各国的时代。志愿服务事业从发展的第一天开始就与国际潮流紧密联系。20 世纪 90 年代初期，深圳市义工联成立不久，便吸引香港义工团体前来交流合作。香港义务工作发展局不仅合作开展服务，而且组织对深圳义工调查分析，帮助提出进一步发展的建议。随后，欧美国家、亚洲各国志愿机构主动来函联系交流与合作事宜，邀请深圳市义务工作的管理者、骨干成员参加交流活动。2001 年，深圳市义工联与中国青年志愿者协会、国际志愿组织合作举办大型纪念"国际志愿者年"活动，为中外志愿者提供互相交流、互相学习的机会，在国内外产生较大影响。2004 年，深圳市义工联与国际机构合作，成为"全球青年服务日"在中国的代理机构，吸收各种先进经验，并向内地省市推广。2009 年，深圳举办了首届义工（志愿者）发展国际论坛，组织派遣 20 名深圳义工参与"中国青年志愿者海外服务计划"，到非洲多哥开展为期 1 年的志愿服务。同时，深圳义工也注重提升自身经验，将中国特色的志愿服务向海外推介。自 2002 年起，深圳先后派遣近百名志愿者远赴老挝、缅甸、赞比亚、多哥等国家开展志愿服务。

2011 年，深圳成功举办第 26 届世界大学生夏季运动会（以下简称"大运会"），这是继 2008 年北京奥运会、2010 年上海世博会、2010 年广州亚运会后在我国举办的又一次国际性盛会，也是深圳建市以来第一个真正意义上的大型综合性国际体育赛事。重大国际性活动往往能极大地提高城市国际形象，比如 2008 年北京奥运会、2010 年上海世博会极大地扩大了对应城市知名度，2010 年广州亚运会使这座南国都市声名大振，为其迈向国际化大都市奠定了坚实基础。2011 年深圳大运会也是向全世界展示深圳经济特区改革开放发展成就和提升深圳国际知名度的良机。

事实证明，深圳通过 2011 年大运会向世界展示了良好的城市形象，这种良好的城市形象不仅体现在高效的赛事组织、现代的城市建筑、整洁的街道环境、有序的交通体系，更体现在文明有礼的城市面貌上。大运会期间，广大市民以实际行动参与各项行动，127 万赛会志愿者、城市志愿者和社会志愿者直接服务大运会，超过 20% 的市民以参与社区治理、文明引导、绿色出行等多种方式践行志愿服务，演绎了志愿服务的全民总动员，营造了"人人争当志愿者、个个都是东道主"的良好氛围。这一系列活动让深圳因大运会而更加文明，上百万志愿者给各国宾朋留下了美好的记忆。

"红马甲""向日葵""小青葱"在世界大运会中，让"不一样的精彩"成为志愿服务的最佳展示，"参与、互助、奉献、进步"的深圳志愿精神以及"来了就是深圳人、来了就做志愿者"等志愿口号深入人心。义工在志愿服务中挥洒汗水、无私奉献，不仅实现了个人精神上的满足，更在其中接受了熏陶，提升了修养，升华了境界，引起了广大市民的心灵共鸣，向世界展现了一个开放多元、温馨和谐的现代文明城市，激发了广大市民的家园意识和公共精神。

深圳义工不仅是大运会赛场上一道靓丽的风景线，还是一种社会风尚。大运会举办之前，深圳注册志愿者人数年均增长 16%，2011 年后注册志愿者人数年均增长达到 64%。大运会成功举办后，2011 年底，市委市政府出台了《关于建设"志愿者之城"的意见》，在全国率先系统化提出建设"志愿者之城"。志愿服务实现跨越式发展，志愿服务水平全面提升。截至 2017 年底，全市注册志愿者达到 158 万名，占常住人口的比例达到 13%，位居全国前列。

走在最前列　现代化先行区　深圳义工任重道远

2019 年 8 月 9 日，《中共中央　国务院关于支持深圳建设中国特色社会主义先行示范区的意见》正式印发，赋予深圳"朝着建设中国……示范区的方向前行，努力创建社会主义现代化强国的城市范例"的历史使命，明确提出建设高质量发展高地、法治城市范例、城市文明典范、民生幸福标杆、可持续发展先锋的五大战略定位。面对新使命、新要求，深圳必须旗帜鲜明地交出优异答卷，必须旗帜鲜明地走在最前列、勇当尖兵，必须在决胜全面建成小康社会、建设社会主义现代化国家的新征程中始终处于"第一梯队"。我们要清醒地看到，深圳在建设中国特色社会主义先行示范区的新征程中，在经济、政治、文化、社会、生态文明建设等方面，仍面临诸多挑战，这也对深圳志愿服务发展提出了更高要求。

社会公共服务短缺给城市发展带来更多挑战，客观上要求志愿服务提高专业化水平。近年来，随着深圳经济快速发展，深圳人口仍在加速增多。2014～2017 年，深圳常住人口增量分别为 15 万、60 万、53 万、62 万人，2017 年底常住人口为 1252.8 万人，预计到 2030

年将上升至 1500 万人左右。市民化也在加速推进，越来越多的常住外来人口开始在深圳养老，2010~2015 年仅仅六年时间，深圳 65 岁以上人口占比就上升了一倍多，预计到 2030 年将至少达到 210 万人，占人口总规模的比例将达到 14% 左右。然而，深圳在教育、医疗、养老、住房等领域短板明显。未来深圳人口的持续增长和结构的变化，将为深圳的社会公共服务发展带来更加沉重的压力。目前深圳的志愿服务事业已经成为弥补城市公共服务不足的一支重要力量，志愿服务队伍横向覆盖组织、教育、卫生、人口计生、城管等13 个系统，纵向延伸至市、区、街道、社区四级，形成"横向到边、纵向到底"的组织格局。文化、教育、医疗、交通、环保、社区、应急等系统成立志愿者总队，为城市公共服务注入了有生力量。

但是，当前深圳志愿者队伍仍存在高层次、专业技能型人才严重不足的问题，面对越来越多的青少年问题，以及医疗救助、法律咨询等复杂的社会事务，发展各类专业化志愿服务显得尤为迫切。深圳志愿服务应聚焦志愿服务专业化、内涵式发展，有效弥补政府服务和市场服务的不足，切实提高市民群众的获得感、幸福感、安全感。因此，深圳志愿服务应从以下几方面予以加强：一是通过建立专家库，吸引高职称、高技能专业技术人员、教师、医生、社会贤达、企业家加入专家型志愿者队伍，使之成为志愿服务的中坚力量；二是成立志愿者"公益学院"，对志愿者进行专业培训和培养；三是通过设计推广一批满足社会新需求、有特色、可复制的志愿服务活动示范项目，推进文化志愿服务品牌化，打造一批志愿服务精品。

日益增长的社会治理难题对创新社会治理提出新任务，迫切需要通过志愿服务扩充社会治理力量。深圳日益突出的"大城市病"

给社会治理带来不小挑战。"城中村"和违法建筑大量存在，影响了城市的生态环境，隐藏着巨大的安全隐患。车辆密度居全国大中城市首位，高峰时期交通拥堵现象严重。水污染问题突出，生态环境治理任务十分艰巨。社会发展转型期的新群体、新行业、新组织不断出现，激发社会矛盾的因素增多，城市治理能力、体系、模式滞后于城市发展，社会治理能力的提升任重道远。在欧美国家，志愿组织与政府、市场并列是促进社会发展的三支力量，已经发展成为参与社会治理的主体之一。

在我国志愿服务参与社会治理尚处于创新摸索阶段时，深圳应当发挥先行先试作用，把志愿服务作为社会治理创新的重要抓手，聚焦助力城市治理的"堵点""痛点"问题，推动志愿服务从提供基本的社会服务向深度参与社会治理、凝聚社会共识跨越，在创新社会治理方面走在全国前列：一是扩大环保志愿队伍规模，组建更细分、更专业的污染防治队伍，参与大气、水、土壤污染治理；二是创新参与交通综合整治的方式，组建专业队伍，联合交通义警等，助力城市道路交通治理行动，形成文明交通的良好氛围；三是深度参与城市公共安全和平安创建，培育专业的地质灾害救援、野外山地救援、消防应急等队伍，扶持壮大深圳市公益救援、市义工联智慧海救援、深圳公安公交等一批参与城市公共安全的专业队伍；四是成立专业化志愿服务队伍，进一步扩充环境治水、安全生产、食品卫生、禁毒防毒、应急救援等方面的社会治理力量。

社会主义精神文明和物质文明协调发展，仍需大力弘扬"奉献、友爱、互助、进步"的志愿精神。中国特色社会主义进入新时代，我国社会主要矛盾已经转化为人民日益增长的美好生活需要和不平衡不充分发展之间的矛盾。党的十九大报告中明确指出，社会文明水平尚需提高，这一突出问题是新时代社会主要矛盾的一种客观反映，与我们在经济建设领域取得的显著成绩形成鲜明对比。进入新时期，深圳要建设中国特色社会主义先行示范区，就必须率先形成展现社会主义文化繁荣兴盛的城市文明风尚。志愿服务是人们自觉为他人和社会服务、共同建设美好生活的生动实践，是衡量城市文明程度的重要标志，是新形势下推进精神文明的有效途径。

目前深圳的志愿服务参与度还不够普及，志愿意识和志愿精神还需要进一步培育。在社会参与度方面，在香港，每5个人中就有1个人为志愿者，而深圳在这方面还存在差距。在志愿服务活动的常态化方面，深圳有不少志愿组织开展志愿服务还存在活动式、运动式、"一阵风"的情况，而在很多发达国家和地区，志愿服务已经内化为民众的一种常态化生活方式。在志愿服务视野方面，深圳志愿服务跨区域的交流合作相对较少，而发达国家和地区十分注重实施海外志愿服务，美国的海外志愿服务目前有超过1500名志愿者在34个国家开展以减贫为目的的服务。

为适应深圳建设中国特色社会主义先行示范区的需要，深圳志愿服务尚需加强以下几方面：一是进一步加强宣传工作，让"奉献、友爱、互助、进步"的志愿者精神更加深入人心，在全社会营造关注、参与志愿服务的良好氛围，获得更广泛的社会认同感；二是加大政府对义工组织发展的扶持力度，把提供志愿服务与享受国家福利政策、补贴、晋级、升学、求职、信贷等服务结合起来，吸引更多的人加入志愿者队伍；三是借助"一带一路"枢纽城市的打造，通过"走出去""引进来"相结合，向海内外推广深圳志愿文化，向全世界彰显深圳精神。

展望未来，相信深圳会更加美好。深圳义工，将与特区共创辉煌！

深圳义工的源起及发展
（1989～1995年）

许娇蛟[*]

一片汪洋，由无数江河汇流而成；一条江河，由无数水滴积聚
而成。1989年，深圳在全国率先引领志愿服务之风。三十年来，这
支队伍经历荣光，也遭受挫折，在一路颠簸中不断前行、发展壮大，
不仅吸引、改变着每个加入它的个体，也塑造、丰富着整座滋养它
的城市。如今，越来越多的人知道它的名字，呐喊它的口号，歌颂
它的精神——这支队伍的名字就叫作深圳义工。

一 诞生于深圳的内地首个法人义工团体

作为中国内地较为年轻的城市，深圳为何能诞生第一支志愿者
队伍，并且迅速发展成为闻名遐迩的"志愿者之城"呢？在梳理深
圳义务工作发展史时，首先要回答这一问题，其中既有天时，也有

---

* 许娇蛟，美国俄亥俄州新闻学硕士。

地利，还有人和。时间回到 20 世纪八九十年代，正值改革开放初期的深圳经济特区建设如火如荼，经济得到飞速发展，创造了一个又一个奇迹。来自官方的一组数据显示，1985 年、1990 年，全国人均 GDP 分别为 866 元、1990 元，而同一时期，深圳人均 GDP 是全国平均水平的 4 倍多，分别为 4809 元和 8724 元。"仓廪实而知礼节"，经济水平的提高、生活的富裕，让深圳人在获得幸福的同时也产生了帮助他人、服务社会的想法。《中国深圳义务工作发展报告》课题组对最早参与义工热线电话服务的 19 名成员以及义工联成立时的 46 名成员进行调研分析，发现其除了学历高、工作稳定外，收入普遍高于外来临时工或其他普通职员，加之其年纪较轻，也没有太大家庭经济负担。

敲响土地拍卖"第一槌"，发行新中国第一张股票，建立第一个出口工业区……早在改革开放初期，深圳就诞生了多项影响深远的"全国第一"，被誉为改革的试验田和排头兵，在社会管理体制改革方面也勇于突破。深圳有关部门不仅从资金、人力方面给予支持，而且吸引义工团体参与重要社会事务，鼓励社会组织、社会团体探索和实践新的管理及服务途径，对义务工作的大胆创新给予重视。20 世纪 90 年代中期以后，深圳市委、市政府还将义工联作为"社会热点、焦点信息收集站"之一，建立了直通渠道，重视程度可见一斑，这也为深圳义工的发展和探索提供了土壤。

同时，作为移民城市，无论是迁入人员还是流动人员，他们对志愿服务的需求都特别强烈。首先，移民人口"人生地不熟"，许多事情需要别人帮助、指点，特别是每年春节后的 2、3 月，大批外来工到深圳寻求职业，难免会遇到种种困难。志愿者提供的义务咨询、带路、介绍等服务便受到热烈欢迎。

其次，移民人口在工作或生活中遇到各种困难时，也希望能够得到志愿者切实的帮助，包括权益维护和情感倾听等。如在早期，随着外资企业、合资企业和"三来一补"企业的兴起，劳资矛盾也日益突出。"深圳义务工作的产生，其中的原因之一就是发现许多外资企业的员工遇到问题、受到伤害而没有地方申诉、求援，一批热心人士希望为这些员工呼吁。"①《中国深圳义务工作发展报告》一书指出，早期的义工深入工业区收集调查外资企业员工权益受侵害的情况，撰写调查报告递交给市委、市政府，以热点文章的形式发表在报纸杂志上，引起了社会的高度重视；一些义工在接到外资企业员工的投诉后，帮助其寻找政府部门、司法部门共同和企业协商解决，这些努力得到广大员工的认可。

1989 年，为了帮助来深务工者和青少年，深圳团市委权益部牵头开通"为您服务"热线电话和信箱，共有 19 名热心人士加入这支公益队伍。后来，随着知名度的提高，队伍不断扩大，深圳最终于 1990 年 4 月注册成立深圳市义工联合会（以下简称"深圳市义工联"），成为中国内地第一个义工法人社团，正式开启了中国公益史上的伟大篇章。

二 一条热线成无数青工的"盼头"

1989 年为来深务工者和青少年设立的热线电话和信箱，以及最初接听热线电话的热心人士，共同塑造了深圳市义工联的雏形，而这个热线电话也成为无数名在深青年务工者的"盼头"，甚至救人

---

① 谭建光、凌冲：《中国深圳义务工作发展报告》，广东人民出版社，2005，第 9 页。

于危难之中。在这些热心人士中，有教师、公务员、律师和金融从业者等。

"电话白天是团市委权益部的办公电话，晚上就是我们的服务热线。"曾经参与过电话热线服务工作、担任过深圳市电子技术学校青年教师的巫景钦记得，义工团队白天工作，晚上接听电话。为了尽快发挥作用，团队还制作了海报，印上热线电话号码和青少年信箱的地址，在人员密集的场所到处张贴。"开始拨打热线的人不多，真正运作之后，求助的人就越来越多了，我们除了听他们诉说，还会想办法帮助他们处理事情，尤其是一些欠薪问题。"

巫景钦回忆，他曾接到一个在深务工的青年小陈（化名）的电话，向他诉说委屈。小陈说，他在厂里与主管发生误会，但是主管不愿意听他解释，并且批评了他。一气之下，他一拳把车间的玻璃窗打破。然而，这一拳并没有解恨，反而受到了工厂领导层的威胁，不仅要小陈赔偿玻璃窗的损失、扣除工资，还要开除他。"心里委屈说了之后，有没有舒服一些，手上的伤怎么样了？"巫景钦的这番话语让小陈得到一些安慰，并希望巫景钦能帮他协调工厂克扣工资的事。最后，巫景钦花了两个多星期的时间把事情协调好了，小陈不仅没有被开除，也没有被罚款，还得到此前态度恶劣的主管的道歉。

当时也参与接听热线的俞泓记得，通过这项工作，义工们发现，加班工资、居住、饮食以及情感问题是青年们所反映的热点问题。后来，义工们根据反馈的线索，深入工业区进行走访调查，撰写了《百万青年临工渴望关心》等调查报告，引起了舆论轰动，也得到了有关部门的重视。

不过，在志愿服务理念还没有广泛深入人心的年代，义工们的举动也受到了一些人的质疑。"有人就说哪有这么好的人，这些人就是为了出名，还有媒体问我们，来深圳的人都是为了挣钱，怎么会有无私奉献的呢？"巫景钦曾对媒体表示，当时义工们对外都不敢声称自己是义工，"我记得当时有个伙伴告诉我们，在单位，千万不要和同事说你去做义工了，那样他们就会说，既然你有时间去做义工，那就在单位多干点活吧。单位有点什么活都会让你去干"。

虽然义工们的善举遭遇过不解，但其产生的涟漪效应也吸引了越来越多向善的人加入"志愿服务"这个大家庭。李敢，一名从事志愿服务约 20 年的"老"义工。回想起自己的义工经历时，李敢称，那是从参与深圳市义工联热线组服务开始的。

"记得我曾经接到过一个电话，来电者说他来深圳做生意失败了，心理压力很大，感觉自己被这个世界抛弃了，甚至冲动到想结束自己的生命。"电话那头的倾诉，让考取了国家二级心理咨询师的李敢意识到问题的严重性。李敢利用自己的专业知识，不断和对方沟通并后续跟进，最终让对方打消了轻生念头，并重拾再次打拼的勇气。两年后，曾经的失意青年成为某公司总经理，特意打电话感谢了李敢。

在深圳市义工联服务期间，李敢不仅负责热线的接听工作，还编写了《热线服务业务指南》，让更多的义工更专业、更科学地接听热线、帮助他人，这本指南后来还成为志愿者服务的培训必备教材。李敢的举动也影响了他所在的海关的同事，同事建议他把在义工联的服务经验带回海关系统。2005 年，李敢参照深圳市义工联的发展模式，自费开通了海关系统第一条免费心理热线——"星聆热线"，为海关关员及其家属和深圳市民提供心理服务。

三 义工联成立伊始开展15项热点调研

义工联创立之初，就是立足于青少年权益保护。20世纪80年代末90年代初的深圳日新月异，发展的速度很快，涌现的矛盾也很多，而义工联自1989年10月起，先后开展15项热点调研，除了下文详述的《青年临工权益渴望关心》《市民对房改制度的意见》《寮棚户子女读书问题调查》外，还有《蛇口警民关系调查》《青少年犯罪状况》《深圳教育发展现状与对策》《卖花童、卖艺童、乞童情况调查》等，产生很大社会反响。当时，义工联的调研成果在相关部门引起轰动，调研工作成为"一块叫得响的牌子"。

（一）保障权益，为在深青工维权

1989年10月，义工联主动创新工作方式，在开通热线电话、打通与青年人沟通渠道的基础上，第一次开展大规模的社会调研。许多义工都很关心在深青工的生活状态，时任义工联第一任理事长的俞泓决定带领义工们走进工业区去耳闻目睹。调研队伍分成五组，每组六七个人，分别向蛇口、水贝、八卦岭、上步、南头五个工业区进发，向来自150家企业的工人发放3000份《外来临工权益保障情况调查表》。

俞泓去的是位于今天南山科技园附近的麻雀岭，调研那天的场景如今依然历历在目。一进门，映入俞泓眼帘的是一个比大学宿舍还小的房间，里面放了四张架子床，一共住了八个人，中间的走道宽度连一米五都没有。拥挤狭小的房间根本摆不下桌子，只能见缝插针地塞两张凳子。尽管深圳的夏天酷热难耐，但有的宿舍却连风扇也没有。

俞泓坐下来和其中一位来自四川的青工聊天，他对俞泓说："我自从进厂后就没出过厂，整整三个月都在工作。"当时有很多青工是这个状态，他们的生活除了加班就是睡觉，平时加班也没有加班工资，每个星期只放周日一天假。那位四川青工就连这唯一的休息日也用来工作攒钱，因为"舍不得休息"。他告诉俞泓，只有在全厂停电的时候才不用上班，但是大家也不出去。因为坐一趟小巴最少也要两三块钱，而当时青工普遍的月收入只有两百块上下。

这次见闻对参与调研的义工触动很大。回来以后，俞泓马不停蹄地督促义工汇总情况、分析数据，最终写就《青年临工权益渴望关心》等多篇报告。一方面送往市委、市政府领导及有关部门，寻求解决途径；另一方面通过《深圳法制报》等新闻媒介刊登，引起社会各界关注。后来，市里吸纳义工的建议，在全国率先开展劳动用工大检查，并且根据检查发现的情况，制定了数十条保护工人合法权益的措施，其中部分措施是直接引用了义工调研报告中的建议。

1990年初，共青团号召有条件的地方设立青少年权益保护部门或联合社会有关方面组建法律咨询机构。深圳市义工联积极响应，结合深圳外来务工青年数量众多的情况，将开展社会调研为广大青年发声的工作形式进一步宣传推广。

最初，义工联计划三个月进行一次调研，而且由舆论热点引申出来的议题也会被临时补充进来，这样就保证一年能进行四五次调研。当时的热线电话和青年信箱都成了选择议题的"富矿"，每过一段时间，义工们就会把大家集中反映的问题进行梳理，再拿到义工联理事会上进行讨论。

值得一提的是，当时义工联成立不久，经济、办公条件十分有限，但是许多义工骨干凭借一腔热情想尽一切办法克服困难。短短两三年时间，义工联先后进行了多次针砭时弊、卓有影响的社会调研，为推动社会更公平公正地发展做出了不可磨灭的贡献。

（二）广泛调研，促进住房分配政策调整

20世纪80年代末90年代初，深圳政府及有关部门集中出台了大量住房改革的规范性文件，推行公共住房政策，推动住房社会化，对符合条件的申请住房人员，根据其工龄、学历、职称等情况按规定计分，按照分数从高到低分配相应的福利住房。

但是，房改措施一公布，就引来了一些不同的声音。让俞泓印象最深的两处争议，集中在福利房不可更换的规定和部分计分标准的公平性上。"比如一个20多岁的年轻人，他当前的计分可能比较低，分到的房子自然比较小；但是10年后他成长了，房子却不能换更大的，这显然不合理。"俞泓说。当时义工们建议将政策更改为每人只能分一套福利房，但是一定时间过后，可以按照新的计分情况申请换房。

此外，按照原本的计分标准，最高级别的工人与行政系统中的处级干部享受的待遇相对应。"可当时深圳的情况是，高级技工非常稀缺，而且他们的收入比普通干部高得多——在普通干部月工资只有几百元的当时，一个在大型合资厂工作的高级技工的月收入可达上万元，这是非常大的差异。"俞泓说。因此，当时义工们主张，最高级别的工人要与行政系统中最高级别的干部享受相同住房待遇。

由于深圳人口平均年龄低，房改措施因此受到了千千万万年轻人的热切关注，于是，以维护青年利益为己任的义工联立即义不容辞地决定就此展开调研。当时注册义工大约有100多人，而参与此

次调研的人数占到总人数的一半。

1990 年下半年，调研小组自行设计问题，做了 5000 份问卷，其中 40% 在街边设点分发，60% 向全市各大机关团委派发。当时义工联拿不出调研经费，义工们就自己开动脑筋。俞泓和当时物资集团的团委书记去找燃气公司的领导拉赞助，要到了 5000 元的支持费，调研完成后居然还剩下 2000 多元。义工联没钱，当然也没财务，那剩下的钱该何去何从呢？"我们决定把剩的 2000 多元还回去。赞助的老总对我说：'从来没想过到赞助出去的钱还能回来。'"俞泓笑着回忆。

很快，问卷陆续收回，调研小组在结合数据分析结果和国内外先进经验的基础上，召开了一次内部讨论会，市政府十几位相关部门的工作人员均有参与。经过一个月的整理和撰写，完成了十几份报告，并提交政府相关部门，最终促进了深圳住房分配政策的调整，进而影响了无数深圳市民的生活。

在时任义工联理事的孔庆国看来，当时义工的工作状态可以用"忘我"来形容。"大家要自己找时间，有些义工甚至不敢告诉工作单位，借口其他事由请假参与调研；要锻炼心理素质，因为经常被调研对象误解甚至敌视；还要经常为外出的经费发愁……"孔庆国话音一转，"即使如此，大家还是一片赤诚之心，真是实实在在地想做成一些事。"

（三）聚焦后代，关注青工子女教育

1990 年 9 月，义工联第一任理事陈奕光和义工潘洋针对外来务工者子女的教育情况做了调研。和此前的其他调研一样，这次调研也完全是义工自发寻找课题、自费调查研究的。之所以聚焦青工子女这个群体，在很大程度上取决于青年义工对当时深圳情况的认知和关怀城市弱势群体的热情。

陈奕光回忆，当时在深圳的沙尾、布吉、黄贝岭、竹子林等片区，聚集着很多外来务工人员。他们身无长物，为了在这座城市立足，只能在荒废的田野上、闲置的水塘边搭建棚屋，生活、工作都在这个狭小的"自制"空间里，甚至有些人一住就是好几年。

"当时特区正在起步阶段，没有能力提供更多的住房解决这些务工者的居住问题，他们连自己的温饱都难以维持，更不要说子女的教育问题了。"回想起当年做调研的初衷，陈奕光仍然感慨万千。

为了了解详细情况，陈奕光和潘洋骑着自行车前往竹子林，从天亮到天黑，走访了十余户人家。很多人不理解，以为他们是来驱赶自己的，戒备的眼神里满是抗拒。有一户人家甚至放狗出来，男主人还挥舞着拳头作势"干架"。情急之下，身为老师的潘洋赶紧拿出了自己的教师证，声明的确是来对青工子女的教育情况进行走访的，这才取得了男主人的信任。在聊天过程中，陈奕光和潘洋了解到，原来这户人家在棚屋旁边的荒地上种菜，除了解决自己的一日三餐外，还拿到附近的菜市场上贩卖。

可是，当陈奕光和潘洋走进棚屋后，却被眼前的一幕深深震撼了。棚屋里一共有五个孩子，三个在地上跑，一个睡在床上，还有一个尚在襁褓中，被女主人抱在怀里吃奶。当时的深圳只有公立学校，由于教育资源紧张，只招收深圳户籍的学生。这户人家年龄较大的孩子虽然已经到了上学年龄，但由于没有深圳户口，上学完全是奢望，大孩子只能帮助家里做事或者在家照顾年龄尚小的弟弟、妹妹。"他们居住的地方无论是环境还是治安都不好，我看到一家七口的样子真是可怜极了。"多年后，陈奕光再回想起来，仍然印象深刻。

当时的陈奕光年仅 24 岁，虽然平时工作很忙，但是这次调研激起了他的一腔热血。他利用下班、周末闲暇时间整理见闻，撰写报告，建议政府对青工子女的上学问题做更全面详尽的调研并出台具体的措施。"其实当时很多来深青工都是抱着一种得过且过的心态，根本不敢奢望更多的社会资源，但是我们希望尽自己的绵薄之力，使他们能尽快分享社会发展的成果。"陈奕光说。

后来，陈奕光执笔的《寮棚户子女读书问题调查报告》先后发表在《深圳特区报》和《深圳商报》上，市委办公厅的内参件《深圳信息》也采用了该文并得到了当时分管教育工作的市委常委、副市长林祖基的亲笔批示，为推动私立学校在深圳的发展做出了一定的贡献。

四　义工联发展初期的"里程碑"

义工联成立初期，除了积极开展社会调研，为外来务工青年权益保障奔走呼号外，还积极举办种类丰富的活动，为丰富青年的业余生活、关爱青年的身心健康、激发青年的奉献精神做出了不懈的努力。同时，义工联也逐渐成长为联系社会爱心资源与弱势群体的纽带，为经济一路高歌猛进的深圳增添了一缕温暖的大爱之光。

（一）举办"大家学"，帮助青工主动维权

1990 年，曾虹文加入义工联，并于 1991 年竞选成为义工联第二任理事长。由于自身在劳动仲裁办工作，曾虹文对青工权益的保护有着极为密切的关注和深刻的了解。"当年青工权益得不到保护是非常普遍的现象，有些侵权行为甚至十分恶劣。"回忆起当年，曾虹文仍记忆犹新。有一名港资饭店的女工怀孕刚满五个月，饭店老板得知后竟然无缘无故地把她"炒了鱿鱼"，而且没有给予女工任何赔偿。所幸的是，这家饭店就在劳动仲裁办旁边，女工每日上下班耳濡目染，有一些维权意识。最终，在曾虹文的调解下，饭店老板给了怀孕女工一笔赔偿款。

这件事给了曾虹文一些启示："很多工人根本不知道自己的权益受到侵害，更不知道应该找谁解决问题。只有让大家都知法懂法，才能从根本上保障他们的权益。"于是，他向团市委建议面向青工有针对性地开展讲课、办学，帮助他们适应深圳生活，学会自我保护。很快，"大家学——走入特区生活""大家学——共创美好生活"等一系列"大家学"免费讲座诞生了。

第一场讲座是在荔枝公园旁边的"大家乐"舞台上举办的。有了"大家乐"舞台良好的群众基础，第一场"大家学"就受到了台下观众的热烈欢迎。"很多青工来自非常封闭的原生环境，就连被拖欠工资后该找谁都不知道，所以这个讲座一出来，他们都特别感兴趣。"曾虹文说。有一次，曾虹文正在"大家乐"舞台上授课，突然遇到舞台停电，但是没有听众主动离开。于是他问："你们还要继续听吗？"黑黢黢的台下传来洪亮的回应："要！"曾虹文被感动了。他走下讲台，在听众中间放了一把凳子，然后站在上面提高声音继续讲授。

除了"大家乐"舞台，义工联的"大家学"还曾深入许多工业园区和企业传播知识。有一天晚上，曾虹文应邀去西丽工业区讲课。"当时条件很不好。没有会议室，大家就聚集在一个篮球场上；没有凳子，所有人就全程站着。"曾虹文回忆起那晚，月光下，青工们新奇的眼神和全神贯注的表情还历历在目。授课结束后，曾虹文很快被青工围得水泄不通，大家仿佛有问不完的问题。

"这一创举在当时是绝无仅有的，我们也是顶着压力摸着石头过河。但是我们的初衷是：有人受委屈了，总得想办法帮助他们。"曾虹文说。很快，"大家学"成了义工联一块叫得响的牌子，两年间先后举办十多次，对帮助广大青年义工维护自身权益产生了一定的积极影响。

（二）丰富青工生活，举办免费的大型文艺演出

20 世纪 90 年代初期，许多在深圳打工的年轻人既没有丰富的业余生活，也没有经济能力去高级文体场所。当时，深圳体育馆刚刚落成。义工联经常到企业内部搞调研，有次在整理调查问卷的数据时发现，90% 以上的青工从没去过深圳体育馆。

"这座城市的基础设施是无数打工仔建造的，但是他们却没机会亲身体验这些设施，真的太遗憾了。"时任义工联第二任副理事长的钟首农心中十分感慨。1991 年，他与义工联的邝伟文一拍即合，大胆提议在深圳体育馆内举办一台大型文艺晚会，免费送票给外来务工者，让这些打工人员也有机会分享城市建设的最新成果。这个想法一冒出来，两人就十分兴奋，一直聊到深夜两三点。很快，这个想法也获得了团市委的大力支持。

不过，当时义工联并没有充足的经费，节目怎么准备呢？大家开动脑筋，很快就想到了"大家乐"舞台。

早在 20 世纪 80 年代，在信息比较封闭、娱乐形式比较单一的背景下，深圳兴起了一种崭新的群众艺术表演形式——"大家乐"。在此后的二十余年里，"大家乐"舞台也逐渐成长为拥有深厚群众基础的娱乐场所，举办了许多诸如"荔枝杯""青年歌手大奖赛"等

颇有影响力的比赛，不仅丰富了一代人的精神世界，还培养出了一批有才华的"草根歌星"。义工联从在"大家乐"舞台上脱颖而出的"草根歌星"中选取了一批演员，又召集了许多来自各行各业优秀的文艺人才，迅速组建了一个几乎免费的演出班底。

除了演出班底，义工联还充分调动了其他很多社会资源——深圳体育馆免费提供场地，上林苑酒店免费提供了一部分外来演员的住房，公安局和安保公司免费维护现场秩序……可以说，参与活动的义工们都凭借不怕劳苦和敢想敢拼的精神，承担了整台文艺晚会的策划和组织工作。在义工联的凝心聚力下，社会各界的爱心也如同一股股涓涓细流，源源不断地汇入爱的海洋。

一切安排妥当后，义工们便行动起来去给青工们送票。没料到，这些免费的门票不如想象中那么容易送出去。义工联第一任理事长俞泓就是送票队伍中的一员，当时他和同事前往八卦岭工业区，在工人们上下班必经之地摆了一张桌子，立了一个简易的宣传牌。可是，青工们远远地聚在一起，就是没人敢上来拿票——大家都不相信居然碰上了免费的演出。过了好一会儿，才有几个胆大的青工打破沉默率先领了票，接着其他青工也陆陆续续围了上来。

演出连续举办了两场，每场都盛况空前，一个可容纳六千多名观众的演出场馆座无虚席，观众热情高涨、欢笑阵阵。这是深圳经济特区自成立以来，第一次面向外来务工群体举办如此大规模且完全免费的文艺演出。在《百万星光耀鹏城》的舞台上，为特区发展做出贡献的百万名外来务工人员成了聚光灯下真正的主角，他们感受到了这座城市对自己的关爱，有些人甚至多年后仍然对这场演出念念不忘。

正如这场文艺演出的名字，如果说一个打工者就是一颗星，那么深圳夜空必然璀璨夺目。这场演出的成功也为义工联赢得了共青团中央的表彰。

（三）促进深圳率先建立捐血用血制度

深圳是一座体量巨大的移民城市，来自五湖四海的无数陌生人相聚在同一片土地上，打拼着自己的光荣与财富，追寻着自己的抱负与理想。在这里，亲缘不是联系人们最紧密的纽带，爱与责任才是支撑城市文明的脊梁。志愿者文化如是，无偿献血文化亦如是。二者结合裂变，迸发出无穷无尽、感人至深的力量。

曾经，深圳是一座极为"贫血"的城市。1993 年，深圳首次进行无偿献血宣传，开创了中国无偿献血事业的先河。很快，深圳无偿献血开始走在全国前列，成为深入城市骨髓的新风尚、新民俗，更被评选为"深圳十大文明行为"。然而，无偿献血的发展也并非一帆风顺，特别是在其刚刚起步之际，深圳义工联和响应其号召的无数青年志愿者就曾发挥过十分重要的作用。曾任义工联第三、四、五届理事及第三任秘书长的叶壮志亲身经历了这一重要历史时期。

1994 年底，叶壮志任深圳市学联常务副秘书长，接待了深圳市血站站长杨春森。满头白发的杨站长忧心忡忡地告诉他，1994 年全年深圳市只有 90 多名义务献血者，而且都是来自深圳大学的学生，献血量远远无法满足医院的临床用血需求。不足的部分，医院只能用卖血者的血补上，但是质量令人担忧。"这和深圳的文明程度和发展情况很不匹配，希望你们可以开展工作帮帮我们。"杨站长说。叶壮志深受震撼，决定尽力一试，最终于 1995 年 3 月开展了军警民"三五"学雷锋义务献血活动。

1995 年的"12·5"国际义工日，在位于深圳市青少年活动中心的"大家乐"露天舞台上，义工联第一次召开了声势浩大的义务献血动员大会，许多团市委干部带头献血。三四十名义工踊跃献血，义工蔡健妮就是其中一位。她回忆，许多路过的市民看到这一场景，也积极加入献血队伍中，甚至有些人献完血就现场报名参加了义工联。"义工主动献血，主动献血的人也成了义工，由此形成一个温暖的良性循环。"蔡健妮说。

1996年，叶壮志调任义工联，军警民"三五"学雷锋义务献血活动也随着组织者的调任随之落地义工联，在众多的义工团队、企业义工团体中得到进一步推广，义工无偿献血的热情被推到了一个新的高度。从此，无数义工服务队争先付诸实践，无数深圳义工将自己奉献社会的决心落实在义务献血行动中。"可以说，义工的精神和无偿献血的宗旨是高度契合的。正是千千万万义工义不容辞的付出，才让深圳在建设城市文明的道路上更加奋勇向前。"叶壮志说。

1996年8月，杨春森高兴地告诉叶壮志，深圳的医疗用血已经完全可以由义务献血供给了。在团市委的领导和义工联的努力下，深圳在义务献血领域创造了全国的"两个率先"，即实现无偿献血100%满足临床用血，率先为无偿献血提供立法保障。同时，"助人自助"与"送人玫瑰，手有余香"的理念也开始深入人心。

1996年9月26日，第一次深圳市无偿献血先进集体和先进个人的表彰大会在大剧院广场举行，义工联众望所归，一举斩获先进集体荣誉。

（四）整合社会资源创立翔龙通讯义工服务基金

随着深圳义工队伍的壮大和扩展，越来越多的企业纷纷慷慨解囊，向义工联捐赠各类物资，与义工联联合举办或积极参与各种活动。同时，义工事迹与义工精神也在这一时期开始被媒体大量宣传报道，求助义工的人数也不断攀升。义工联逐渐成为社会资源与需求之间的一座桥梁，传递着人间真情和温暖。

1996年下半年，一位特殊的求助者让时任义工联秘书长叶壮志留下了深深的遗憾。一天，郑桂莲找到叶壮志，让他想想办法帮助一名严重烧伤的女工。郑桂莲是义工联"生命之光"服务组的负责人，带领团队为癌症及其他病患者提供无偿服务。当叶壮志在医院烧伤科见到受伤女工时，他被深深地震撼到了——那名女工身体大面积烧伤，但是由于其在深圳无亲无友又身无分文，所以没有得到及时救助，身上的伤口全部化脓开裂，孤单而无助地躺在隔离室的帐子里。在她等待救助期间，一位老中医免费给她的伤口敷了些草药，可是由于伤势太重，于事无补。

回来以后，叶壮志和郑桂莲马不停蹄地开始了募捐工作，前后奔波了大半个月，最终凑了3600元。没想到还没来得及送到医院，那名女工就永远地离开了。得知消息后，郑桂莲和叶壮志坐在秘书处相视无言，默默流泪了许久，叹息一个年轻生命的早逝。

此时，恰逢翔龙通讯有限公司主动联系了义工联，希望借年底公司年庆的机会，给义工联捐一批T恤衫、文具等价值10万元的物品。"为什么不把物品变成现款，用来救助更多的生命呢？"一个念头划过叶壮志的脑海。

说干就干，叶壮志马上向翔龙派来的代表提出了自己的设想，提议设立一个以该公司名字冠名的基金，以持续推动义务工作。在叶壮志的游说下，翔龙的总经理张秀清最终被感动了，并同意提供100万元作为资金支持。1996年11月25日上午，叶壮志将草拟的基金管理办法与协议初稿传真给翔龙公司，当天下午就拿着盖好章的协议前去签约。随着公章"啪"地一声清脆落纸，义工联首个专门用于保障义务工作的"翔龙通讯义工服务百万基金"就此诞生了。

在当时，100万元无疑是一笔"巨款"。从1996年到1998年，这笔钱分三年到账。区别于过去其他基金本金不到账，只能使用年利息的形式，这笔百万巨款完全在青少年活动基金的管理之下，用于对重伤重病且没有经济来源的患者的救助，以及对负工伤或患重病的义工的慰问。

除了百万基金外，当时义工联还得到众多爱心企业的支持与活动协助。一个城市的爱心在这里汇聚、流转，汲取温暖的力量，握住接受者冰冷的双手，给接受者带去生命的希望，给赠予者带来财富的升华。

结　语

从20世纪80年代末到90年代中期，深圳义工联如同一颗带着希望的种子，在特区大地上破土而出，不断生根发芽，生长得根深叶茂。经历早期的探索发展，深圳义工逐渐找到了自己的发展方向，从简单地为来深圳务工的青年提供法律支援、物资支持、心理支撑，转变成为整个社会运行提供服务；队伍主体逐渐从少数精英向草根大众转变；服务体系也从过去的尝试探索向制度章程转化，并渐渐形成了一套针对义工奉献的评价和奖励体系。志愿服务的星火正以燎原之势，在深圳的大地上迅速蔓延开来。

深圳义工十年发展蝶变
（1995～2005年）

沈婷婷

1995～2005年，体现了"深圳义工"发展的蝶变——义工联的更名、义工服务条例的立法、"深圳义工"走出深圳等大事件都发生在这不平凡的十年间。深圳义工的先行者们，在国内没有先例的情况下，结合深圳实际，率先闯出了一条探索深圳义务服务的新路子。

十年来，深圳义工的发展并不平凡，我国内地第一部规范义工工作的地方性法律《深圳市义工服务条例》出台，市义工联更名为"深圳市义工联合会"，并从法律上明确义工的权利和义务，规范义工服务工作，使得深圳义工服务有法可依，标志着深圳志愿服务工作迈上了一个崭新的台阶。

值得一提的是，在这期间，深圳义工走出了深圳，走向了全国，甚至走出了国门，不断演绎和传唱着爱的奉献和爱的故事，让深圳这座城市升华为一座极具人文关怀和道德感召力的爱心之城！

正式改名为"深圳市义务工作者联合会"

梳理 1995~2005 年这十年深圳义工发展的历史，义务工作者联合会的成立应该是极为重要的一笔。

回顾深圳市义工联的义务工作经历的发展阶段，20 世纪 90 年代初，是深圳市义工工作自由发展的时期。在这一阶段，义工作为新生的事物，一无章可循，二缺乏经费、缺少场地。团市委权益部所在的办公室便是义工们共同的"家"，权益部唯一的办公电话就是当时的"青少年热线电话"。这一阶段的义工工作主要以热线服务、信箱服务和开展各种社会调查为主。由于相应的工作机制尚未建立，义工工作呈现明显的临时性、突击性。

深圳义工起初只是叫"社会工作者"。曾担任市义工联秘书长的叶壮志说，"在 1995 年之前大家都在摸索中，包括 1995 年还在为名字中的'义务''社会'字眼不断斟酌"。

为了促使深圳市义工工作向有组织和规范化方向发展，1990 年，一个专门推广义工工作的社团——"深圳市青少年义务社会工作者联合会"在市民政局正式注册成立。1993 年 6 月，为了明确"义工"的概念，区别于受薪的"社工"，"深圳市青少年义务社会工作者联合会"改名为"深圳市青少年义务工作者联合会"。随着深圳义工工作的迅猛发展，到 1994 年，义工联的服务对象已大大超出了青少年这一范围，开始面向全社会，同时有大批中老年人也纷纷要求加入这一组织。为了适应现实发展的需要，1995 年 4 月，在市义工联第一次代表大会上，市义工联正式改名为"深圳市义务工作者联合会"。此时，市义工联已初步形成一个运作规范、机构健全、组织网络完善的义务工作体系。

1994 年至 1995 年上半年，是深圳市义工联"铺摊子、搭架子"的阶段。这一阶段的一个重要发展契机是，1994 年 5 月，时任市委书记厉有为接见义工代表，给予了高度评价，"义工精神是深圳精神的具体体现"，并指示有关部门对义工联工作给予大力的支持。自此，市义工联不仅有了专门的经费和专职工作人员，并在过去工作的基础上，进一步拓展服务领域，先后开设了老人服务、残疾人服务、病人服务、学生服务、法律援助服务等领域。与此同时，开始建立从义工招募、培训、管理到服务实施、评估、奖励的机制，开展对义工服务方式、义工角色要求、义工精神、义工产生和发展的社会环境及历史背景等问题的理论探索。

从 1995 年下半年开始，深圳市进入义工工作全面推广阶段。在这一阶段，市义工联成立和调整二级服务机构，新成立法律援助中心、义工讲师团、义工艺术团等二级服务机构，同时推动各行政区成立义工组织，在此基础上以队、站（中心）的形式在全市各企事业单位、社区中广泛组建义工队伍和服务机构，逐步形成了市、区、街道办、企事业单位（社区、学校）四级义工组织网络。1996 年 8～10 月，深圳的媒体对深圳义工工作进行了为期 3 个多月的集中宣传报道，义工工作第一次得到了广泛、深入的宣传推广。一个全面推广普及义务工作的时代宣告来临。

得到各方肯定和大力支持

叶壮志作为当时一路走来的老义工，感受很深，他介绍说，1995 年左右是深圳义工发展的一道分水岭，得到了各方的支持，市领导厉有为当时先后两次来市义工联调研，给予了义工联工作经费与编制方面的支持，并且号召全市向义工学习，把义工精神定位成深圳精神。

"当时新闻记者铺天盖地地就来了。央视来了两波，各地各市的记者也都来了。"叶壮志曾经一天接待五批记者，带着他们参与所有义工的宣传和报道工作，包括所有的义工活动。

老义工曾虹文也十分同意叶壮志的观点，他说，1994年以前是一个创始阶段，完全是靠自发自觉做的，之后有了政府支持和扶持，有了政策倾斜和指引，才到了一个高速发展期。

巫景钦说，在他从事义工工作的前5年，市义工联大概有2000人，一直没有太大突破。大家一直想要专业的人来做专业的服务，所以义工工作没有广泛铺开。"但是我觉得做义工应该是拿出一份心，哪里需要义工，义工就在哪里出现。""比如华强北的公交秩序一直是最乱的，我们的义工就到那里组织大家排队。刚开始很多人不理会义工，还说我们多管闲事，义工们就一直劝解，不管乘客如何嘲讽，我们都不卑不亢。行人现在已经养成了排队的习惯。城市的文明不是空降的，而是这样一点一滴推动起来的。"

长期以来，深圳市委、市政府非常重视义工事业的发展。事实上，在那段时间里，时任深圳市委书记厉有为在办公室接受了深圳市各主要新闻单位的联合采访，就义工精神及深圳开展向深圳市义工联学习活动谈了自己的看法。厉有为首先从增创特区新优势，主要是增创人才新优势谈起。他说，增创人才新优势就是要提高人的素质，提高整个城市的文明程度，这一切都是在潜移默化中实现的，深圳市义工联在这方面做出了很大的成绩，他们的所作所为实际上发扬了开拓、创新、团结、奉献的深圳精神。

　　以帮助别人排忧解难而闻名的市义工联，其自身在发展过程中也遇到了一些困难。1996年11月左右，深圳市领导厉有为、李子彬亲自为义工联解决其所面临的实际困难，给全市义工以极大的鼓舞。深圳市义工联自1990年成立以来，在市委、市政府的关心和支持下，一开始是一支仅19名成员的小队伍，发展到1996年11月已是拥有个人会员15000余人、团体会员100多个，组织网络覆盖全市的庞大义务工作社团。由于组织机构及成员的讯速冷展，市义工联面临人员编制缺乏、业务经费短缺、办公场地狭小等实际困难。为此，团市委与市义工联联合向市委呈报了《关于解决市义工联发展中若干困难的请示》。很快，正在北京学习的时任市委书记厉有为做出明确批示，时任市委副书记、市长李子彬也于10月24日专门做出批示，解决了市义工联业务经费和事业编制等方面的问题。

　　1997年，深圳市义工联第二次代表大会在市人大会堂召开。义务工作正被越来越多的人认知、理解和肯定，正逐步发展成为深圳市社会保障体系的有机组成部分。对此，市领导欣然为义工联题词以表示赞扬。市委书记厉有为的题词是"助人为乐，人类美德"，市委副书记、市长李子彬的题词是"服务社会，传播文明"，市人大常委会主任李广镇的题词是"学雷锋做义工，办好事树新风"，市政协主席林祖基的题词是"参与、互助、奉献"，市委副书记李容根的题词是"助人为乐"。

　　大会确定，今后深圳市义务工作要全面实施《深圳市义务工作1997－2000年发展规划纲要》；各级义工组织要进一步扩大义务工作的覆盖面和参与面，继续开拓服务领域，加大对义工的培训力度，完善管理机制；全市义务工作者要满怀信心，继续发扬义工精神，为全面推广和普及义务工作而努力。大会还对龙岗镇义工服务中心等 20 个义工组织进行了表彰。

国内首部义工法在深圳诞生

在共青团深圳市委员会的领导下，深圳义工这个群体从一部热线电话服务深圳外来务工者开始，慢慢发展并注册成为全国第一家义工组织，至今已有义工百万之众。

回忆起和义工队伍结缘的过程，老义工巫景钦称，深圳是一个非常特别的城市，在深圳做义工的机会是要抢的，成为一名注册义工还得参加培训。"我很感恩能够来到深圳，成为深圳义工事业发展的全程参与者和直接见证者，为深圳成为'志愿者之城'做出了贡献，这是一份难得的荣耀。"

不少老义工在回忆"深圳义工"这一品牌时，无一例外地都表达了对于义工工作的感激之情。他们在这里学习到很多东西，在这种实践中，巫景钦等一批深圳义工的先行者们也认识到义工工作要立法的重要性。当时大家都达成了共识：义工工作不能是某一个人的想法，而应当以法律的形式固定下来。据他回忆，当时义工们花了几年时间推动制定《深圳市义工服务条例》。

起初，义工们先翻阅了大量国际资料，学习国外法律对义工工作的规定，包括如何规范义工的权利与义务、义工的组织形式等。同时，义工们也动员了一些政协委员、人大代表进行提案。

1998 年，义工们就想把准备好的资料递交人大审议，但在立法过程中，有人建议学习国外的爱心银行，比如义工服务了 10 小时，相当于把这 10 个小时存在了银行，义工老了之后，就可以获得被服务 10 小时的待遇。

"大家都觉得应该给义工更多的奖励和鼓励，但是我是强烈反对类似的制度的，我觉得这不符合义工的精神，义工应该是无私、不图回报的善行，不能太重视奖励，而且我们制定义工服务条例最主要的目的就是把这种服务通过法律的形式固定下来。"巫景钦回忆道，义工服务条例最后征求各方面的意见，反复修改了 30 多稿。2005 年 2 月 25 日，深圳市第三届人民代表大会常务委员会第三十六次会议通过；2005 年 3 月 30 日，广东省第十届人民代表大会常务委员会第十七次会议批准，推出了这部《深圳市义工服务条例》。

2005 年 7 月 1 日，我国内地第一部规范义工工作的地方性法律《深圳市义工服务条例》（以下简称《条例》）正式实施，《条例》将"深圳市义务工作者联合会"更名为"深圳市义工联合会"，并从法律上明确义工的权利和义务，规范义工服务工作，使深圳义工服务有法可依，这标志着深圳志愿服务工作迈上崭新的台阶。

随着深圳志愿服务步入规范化、法制化轨道，志愿服务活动得到了有力的价值引导，志愿服务理念也得以大力弘扬。在深圳，"送人玫瑰，手有余香"已然升华为这座城市的人文精神，并固化为这座城市的行为方式和生活习惯，成为深圳最亮丽的城市名片，激励着一批批来自全国各地的新移民自觉加入志愿行动的洪流之中，不断演绎和传唱爱的奉献和爱的故事，使深圳这座大型移民城市升华为一座极具人文关怀和道德感召力的爱心之城。

这部《条例》的正式实施，表明了深圳开始用立法手段支持、规范义工服务。

截至 2005 年，深圳开展义工服务已超过 15 年时间，全市注册义工累计提供服务超过 100 万人次。过去由于没有专门的法律规定，社会上存在一些误解，把义工当成免费钟点工，甚至"免费劳动力"

呼来唤去，出现事故时，责任也难以界定。

《条例》首先明确了义工的志愿性，同时明确了义工服务范围，包括助老扶弱、扶贫济困、支教助学、环境保护、社区服务以及其他社会公益性活动。需要义工服务的个人和单位，可以向义工服务组织提出服务申请。这意味着义工不再是任意差遣的"廉价劳动力"，而是依法为确实需要的人和组织提供服务的群体。

《条例》还对义工的权利和义务做出明确的规定。义工应当在义工服务组织的安排下开展义工服务。义工不得向服务对象收取报酬或者借钱、借物、谋取其他利益，在服务期间不得接受服务对象的捐赠，对服务对象的隐私予以保密。为充分保障义工服务的公益性，义工服务组织应当保障义工在服务期间的合法权益，在开展义工服务活动时，不得从事营利性活动。

《条例》还要求，公安、城管、民政等有关部门应当在各自职责范围内，对义工服务工作给予支持。鼓励有关单位在招工、招生时，在同等条件下优先录用、录取有义工服务经历者。

服务社会　爱无国界

自 1994 年起，深圳市义工联采取拓展服务项目、健全服务组织、取消入会年龄和学历限制等一系列措施，推动义工队伍从精英化向大众化转变，使义工规模迅速扩大。

义工们这种不求名、不求利、无私奉献的精神，有效地传播了文明，同时也在社会上树立了新风，引起社会各界强烈的反响，一时间，媒体纷纷报道，市政府也给予莫大的重视和支持。截至 2000 年 11 月底，义工队伍从创建之初的 19 人发展到在册义工 39500 多人，义工队伍在 11 年间壮大了 2000 倍，他们作为一支生力军，有力地推动了精神文明建设。

2002 年 5 月 23 日，李泓霖飞赴老挝万象市支教，开启了深圳志愿者海外服务的第一站。此后，一批又一批的深圳志愿者不远万里奔赴缅甸、多哥等地，进行跨国志愿服务。他们把爱心服务延伸到海外，既弘扬了中华民族精神，也促进了民间外交活动的开展，推动了深圳志愿者与世界的接轨。

深圳志愿服务工作在赢得社会广泛信任和支持的同时，也开始收获荣誉和盛赞。深圳市义工联先后获得了"中国优秀青年志愿者服务集体""全国青年志愿者行动先进集体""广东省青年志愿者行动杰出集体""青年志愿者行动特别奖"等众多荣誉，还被团中央授予"为大型社会活动提供志愿服务先进单位"称号，许多义工也多次受到中央、省、市各级有关部门的表彰。2001 年 12 月，中国国际志愿者年庆典晚会在深圳举行，晚会上团中央对深圳义工事业给予了高度评价，"深圳是全国志愿服务事业的发源地，其发展模式值得全国青年志愿者行动借鉴和学习，从某种意义上说，深圳义工事业是全国志愿者事业的标杆"。

李泓霖的个人经历见证了深圳志愿服务的发展史。1997 年，李泓霖加入深圳市义工联，一年后，他看到了深圳招募首批青年志愿者赴贵州支教的消息，便毫不犹豫地报了名。1998 年的贵州贫困山区，条件艰苦程度自不用说。"在那里，冲凉房都没有一个。"李泓霖回忆道。在支教地点贵州长顺县威远中学，满腔热血的李泓霖做了许多事情，如在学校办起了广播站、团支部，出资捐建了一个水泥羽毛球场，为困难学生交学费、买文具，资助班上两个孩子上完初中，用从深圳募捐来的两大箱书办起一个阅览室。

支教结束后，李泓霖还分别在 2002 年、2005 年、2008 年三次回到贵州，继续资助困难学生读书，和贵州的孩子以及老师建立了非常深厚的感情。他常说，希望退休之后能多回去，帮助更多的孩子们。李泓霖对贫困山区的感情，源于他幼时的经历。1968 年 10 月，他出生在广东五华农村，小时候家庭条件比较艰苦，父母虽然没有读过多少书，但常常教育他人穷不能志短，要多做善事，多帮助别人。

在贵州山区里的日子让李泓霖收获颇大，更加坚定了他做志愿者的信念。深圳、北京、贵州、四川、老挝……这是李泓霖的志愿服务留下的痕迹。2002 年 5 月，李泓霖经过层层选拔，成为中国首批国际志愿者赴老挝支教，并担任队长。在他看来，助人应该是没有国籍地区限制的。近几年，李泓霖还先后在汶川地震、北京奥运会、深圳大运会等重大活动中担任志愿者。

在李泓霖的支持下，几乎每一期的"募师支教"志愿者面试都安排在了他曾经担任校领导的竹园小学，竹园小学的老师们也在李泓霖的发动下，担任起志愿者的面试官和培训师。他自己则每次都在现场忙上忙下，安排面试地点、向参加面试者讲解注意事项、进行面试，选拔过后还要给他们培训上课。至今已经开展了十多期的"募师支教"，已经从全国各地招募来了 1000 名左右志愿者，这让李泓霖倍感欣慰。

从"一线"到"幕后"，李泓霖见证了深圳志愿服务的飞速发展，越来越多的个人和单位开始关注义工，并投身其中。如今，李泓霖调任上步小学任党支部书记，他做的第一件事就是在全校开展家长义工、教师义工、学生义工活动。

随着工作的逐步开展，深圳义工在关注个人奋斗的同时，更注入了推动社会进步的崇高理想。他们服务社会，深入社区街巷庭院，开展敬老护幼、助残抚孤、帮困排难、互助互济的社区服务和社会互助活动；他们走出深圳，到偏远地区进行扶贫，也把深圳的义工精神带到全国，发扬光大。

深圳义工专业化发展探索
（2005～2011年）

焦子宇*

随着志愿服务进入寻常百姓的生活，志愿者成了高尚道德的代表，但人们很快发现，其实志愿者就是我们身边的普通人。

深圳是全国志愿服务的发源地之一，自1989年起步以来，诞生了国内第一批国际志愿者、第一部地方性志愿服务法规、第一个"义工服务市长奖"。2005年7月1日，《深圳市义工服务条例》正式实施，标志着深圳志愿服务向法治化方向发展。2006年，深圳市义工联决定将每年的"3·5学雷锋纪念日"设为"深圳义工节"。2011年底，深圳在全国首次系统性提出建设"志愿者之城"，推动志愿服务事业进入新的发展阶段。

2019年是深圳市第十四个义工节，也是深圳义工发展的30周年。目前，在深圳，以志愿组织为代表的公益性社会组织已发展壮大为一支重要的第三方力量，成为建设公民社会、促进社会和谐稳

---

* 焦子宇，传播学硕士，《深圳特区报》记者。

定的坚实基础。深圳义工"参与、互助、奉献、进步"的志愿服务精神也已经成为深圳城市精神的重要组成部分。

一 深圳义工的组织化发展

随着志愿者队伍的不断扩大，组织化、专业化的发展呼声不断涌现。为了更好地建设义工队伍、提供志愿服务，深圳市义工联细化组织分配、加强培训交流、设立激励制度，不断探索专业化发展，走出了一条具有深圳特色的义工发展之路。

从松散到高效　加强专业义工队伍建设

义工队伍的建设，义工的专业化、法制化水平的提高，义工组织管理的规范化，关键在于培训。深圳市义工联高度重视培训工作，建立了完善的培训机制，成立了培训服务组，建立了新义工培训、专业服务项目培训、骨干的领导能力培训、特殊服务项目的高端培训等体制，以优质的培训打造高素质的义工队伍；同时，还形成了骨干选拔、骨干培训、骨干考核与奖励等一系列机制，在市义工联中形成了市、区、街道、社区四级树型管理架构，实现了在义工中培养骨干，再由义工骨干管理义工、培养义工的良性循环。

2001 年 9 月至 2008 年 2 月，刘萍担任深圳市义工联合会秘书处常务干事。2001 年 9 月，刘萍在接手市义工联秘书处工作时，秘书处还没有建立档案和资料库。只有 20 平方米的办公室里放有 5 部电话，用于专门接听全市市民申请义工服务的诉求和夜间热线。

"义工的管理是松散和无序的，服务记录完全靠义工们自己整理。"刘萍说。志愿者和义工的招募与培训是无固定教程的，义工服务的专业性、关联度也相对较低。义工入门条件低、身份无法识别的弊端，让刘萍深感为义工分配任务有难度。

2008年2月，义工服务组得到了优化和重组。2001年之前，义工服务组主要包括环保组、松柏之爱组、学生组、生命之光组、与你同行组、培训组、热线组和社会调研组等。优化和重组后，将近2000人的环保组被分成两个组，生命之光组被剥离出病人服务组（后改名为关爱探访组）和生命关爱组，学生组改名为快乐成长组。与此同时，还新增了小组种类，包括秘书组、后勤组、书店服务组、重症病人探访组、义工艺术团、拥抱阳光组、网络服务组、宣传期刊组、快乐成长组等。

据刘萍介绍，在内部管理中，义工组组长任职要求大专以上学历、四十岁以下、有三年以上义工服务经历、深圳户籍者优先考虑。如果是500人以上的小组，他们还采取选拔的方式，选出大队长、中队长和小组长。大队长和中队长分别由一正两副组成。

为了能提升义工服务的专业化和质量，刘萍还为新招的义工举行新人培训，对各组义工进行在岗培训。在义工注册与服务记录管理中，《深圳市义工服务条例》成为义工日常注册、培训、服务、嘉许和处罚的参考。相比之前仅靠感情维系的义工团队，有组织、有制度可依的义工服务打造了一支专业性高、管理有效的队伍。

加强培训与交流　注重人才建设

义工联秘书处注重人才建设，对义工领袖及骨干进行长期观察，并择优进行选拔和培育。同时，秘书处还注重培训交流，开展外派培训与交流活动，举办"首届深圳市义工领袖香港交流与观摩团""深圳市义工领袖大讲堂"，在团校举办"深圳市义工领袖培训班——

高绩效团队"主题培训，委托香港青年基督教在其营地举办"深圳市青年骨干历奇培训"等。

此外，秘书处还接待来自"港深青年义工交流团"、澳门街坊、香港康复联盟及台湾相关义工组织的来访等。在义工的文化生活方面，秘书处举办"深圳市义工首届运动会""深圳市首届单身义工联谊会""深圳市'12·5'国际志愿者日庆典活动"等。另外，秘书处积极配合深圳市政协参与春节慰问大型文艺汇演活动。

全国第一个义工服务市长奖

义工们开展各项义工服务，以平凡的行动感动着深圳，用爱心谱写了一曲曲奉献之歌。义工已成为深圳精神文明建设的一面旗帜，成为服务社会、推进社会和谐发展的一支重要力量。

深圳义工首创"五星级义工"评选机制。2005年，深圳又联合市劳动和社会保障局开展"首届深圳市百优义工"评选活动，为获奖的非深圳户籍义工调户入深。

2007年，为了表彰先进，动员广大市民参与义工服务，市政府设立了深圳市义工服务"市长奖"，作为深圳的最高义工奖项，这也是全国第一个义工服务"市长奖"。深圳市义工服务"市长奖"在义工或义工组织自愿申请、组织推荐的基础上，严格标准、优中选优，坚持公开、公正、公平、科学的原则，充分考虑基层义工组织和群众意见，发掘优秀义工及优秀义工组织典型。对参加评选的义工和义工组织有着严格的要求。

刘萍说："中国内地的义工普及率不高，设置这个奖是为了给义工更多的认可，让全社会更多地关注义工服务，让善念代代相传。"

二　服务社会　共建文明

随着志愿服务工作的开展，义工们在关注个人命运的同时，也为社会进步注入了理想。他们深入社区街巷庭院，开展敬老护幼、助残扶孤、帮困排难等活动；他们走出深圳，精准帮扶、支教扶贫，开展国际救援。义工们不求名利、无私奉献。在传播文明、树立新风的道路上，鹏城人用实际行动谱写了一曲曲志愿服务的华美乐章，感染着所有人。

募师支教：把青春献给山区

"募师支教"是全国首创的民间出资招募教师赴山区扶贫支教的一种支教新模式。在深圳市委、市政府和有关部门的大力支持下，由深圳市关爱办、《深圳商报》、深圳慈善会和许凌峰"募师支教爱心联盟"组织发起。"80后"深圳女孩、志愿者孙影，2006年第一次参加"募师支教"行动，奔赴贵州省大方县支教助学。学期结束时，面对孩子们渴求知识的眼神，她坚定地说："我一定会回来。"为了这句承诺，她亦然放弃了个人发展机会，一次次选择留下来。为了确保求助信息真实可靠，她翻山越岭、徒步走访，核实每一户贫困家庭的求助信息，把采集到的第一手资料通过网络传递出去。自2008年8月起，孙影不再以"募师支教"项目队员的身份参加支教活动，而是把主要精力放在为求助方和捐助方牵线搭桥上，成为一个整合各方爱心资源的公益"中介"，为志愿服务的专业化、职业化发展进行了有益探索。2010年，孙影当选"全国百名优秀志愿者"候选人和2010年度"感动中国"候选人。

十几年里，"募师支教"吸引了数百名志愿者在大山里传承薪火、播撒希望。志愿者们不论身份、年龄，心里的声音都只有一个：为了贫困山区的孩子。

心理疏导："春风"渐入人心

2006 年 9 月，中国内地第一个传播预防性侵犯知识、援助性侵遭遇者的网络公益平台——"春风网"上线。这个集预防、联络、救助、支持于一体的性侵犯受害者公益援助体系，整合了以网媒沟通、24 小时热线、心理咨询、法律咨询、医疗援助和救助为基础的立体服务资源，在全社会范围内获得了良好的反响。它的创办人隋双戈是一名医学博士，于 2000 年加入深圳市义工联热线组、青少年信箱组，成为第 3742 号义工。

2003 年，隋双戈组织开展了深圳市义工联首个系统心理咨询培训，让深圳义工热线服务工作走上了专业化道路。2005 年 9 月，在深圳市义工联的支持下，隋双戈联合深圳市义工联、深圳市危机干预中心、深圳市妇联妇儿心理咨询中心、深圳市公安局心理服务中心等单位，发起了国内第一个预防性侵害、援助遭遇者的公益项目——"春风计划"，为受害人提供心理、法律援助。他们深入工厂、学校、社区，开展了大量科普、法普的宣传工作，呼吁全社会理解、关注义工这一长期被忽视、误解的弱势群体。

"那时'性侵'还是让人避犹不及的话题，寻找义工伙伴和遭遇者都极其艰难，项目初期遇到的难处可想而知。"隋双戈说。慢慢地，他的行动感召和专业技能带动了一批跟他一样热血的义工伙伴，设热线、接个案，走遍了特区内外的街道，在社区、医院、街头张贴万张海报，发放资料。

2006年9月，"春风计划"开展一年之际，在中华残疾人服务网的技术支持下，他们又创办了"春风网"（原副名"中国性侵害预防网"，现副名"心理创伤援助公益平台"）。一方面，刊登对求助者有用的相关科普类和服务类文章，提供求助指引并提高求助者的自助技能；另一方面，为能够援助需求和提供帮助的人或机构牵线。2008年6月，隋双戈主动申请加入团市委组织的"深圳青年义工突击队"，亲赴四川地震灾区开展灾后青少年心理危机干预、当地教师心理干预技能培训、心理援助效果评估等工作。

十余年来，隋双戈结合多领域成果，整合发展了应激事件团体心理干预"简快重建法"，不仅帮助受影响者迅速恢复，还因其结构化、易操作、安全、有效等特点，成为目前最好的应激事件团体辅导模式。2005年，隋双戈被评为"首届深圳百名优秀义工""创建全国文明城市先进个人"。

公益救援：危难之时　彰显国际志愿精神

公益救援志愿服务是深圳义工专业化发展探索的一类典型代表。以深圳市公益救援志愿者联合会（以下简称"深圳公益救援队"）为例，它的前身为深圳山地救援队，于2008年5月汶川大地震时发起，是一支民间自发组织、全部成员均为志愿者的民间专业救援队，其定位是政府救援系统的辅助、补充、后备力量。队长石欣拥有深圳市人民政府颁发的"深圳市应急管理专家"称号，于2008年参加深圳志愿服务工作。11年来，在他的指挥带领下，救援队不畏艰苦、不怕困难，哪里有灾情，哪里就有深圳公益救援队的影子。

自2009年起，深圳公益救援队在国内率先开展山地救援课程的开发工作，经过长达近四年时间的研发论证，形成了国内首个具备完整体系的山地救援初级课程。2018 年 7 月 23 日晚，老挝阿速坡省萨南赛县境内在建水库副坝因连日降雨坍塌，在大坝下游生活的老挝人民的生命和财产安全遭受了极大的损失。石欣带着物资跟随第三批救援小组来到阿速坡。老挝当地交通工具相对匮乏，灾区道路状况差，加之缺少语言翻译，救援工作开展极为困难，但艰苦的条件并没有改变深圳公益救援队的工作态度。在当地救援 11 天，深圳公益救援队深受联合国、国际救援组织、老挝政府和受灾群众的赞扬。

作为一支公益志愿者队伍，深圳公益救援队日常工作重心除了救援、救灾以及救援技能训练之外，还非常重视在市民中开展安全知识宣导工作，包括户外基本常识、野外环境中的各种危险识别、预防及自救互救、安全用电、预防恶劣天气灾害、地震安全急救知识、户外事故分析与户外风险管理等内容，并通过各项安全宣导活动，向市民派发自行编制的《山野安全知识手册》等资料。

绿色环保：将环保融入生活

罗斌，深圳市义工联原环保组负责人，2003～2013 年一直从事环保志愿服务工作。罗斌一开始加入环保组是出于自身的兴趣，一边"游山玩水"，一边做志愿服务工作，这个很适合年轻人。后来时间久了，责任心使罗斌坚持下来，再加上其持之以恒的个性，光志愿者服务工作就做了十年。

环保组的活动包括宣传环境保护和维护自然环境。宣传包括社区环保宣传、水资源保护宣传、污染防治宣传等，环保实践包括去森林、树林里清扫垃圾，保护森林资源等。以前罗斌不懂如何推广环保理念，甚至有时自己也是个破坏环境的人。经过十年的锻炼，如今的他不仅懂得环保知识、具有环保意识，还能提出专业的环保建议。可以说，志愿者的工作提升了他的自我修养，环保意识也已渗入他的生活和工作中了。

三 爱心不分国界 志愿精神传四海

志愿者不是圣人，也不是苦行僧。他们最懂得人，懂自己也懂别人。因为懂，所以他们接纳每一个有需要的人，没有高低，也没有施舍。他们知道照亮了他人和世界，自己就会更幸福，人生也会放射出不一样的光彩。真正的家国情怀，就是每一个普通人的积极参与，就是通过自己的点滴努力，让我们的社会更和谐，让人民更幸福，让深圳更美丽。志愿无疆，心灵抵达的所在就是志愿精神抵达的所在。在专业化发展的过程中，深圳义工服务的足迹从深圳走向国际舞台。

2002年4月17日，团中央、中国青年志愿者协会公布了我国首批派往海外的5名志愿者，他们于2002年5月23日飞赴老挝万象市，到达了深圳志愿者开展海外服务的第一站，这也是中国志愿者迈向世界的第一步，标志着深圳义工服务进入一个新的发展阶段。此后，一批又一批的深圳志愿者"走出去"，不远万里奔赴缅甸、多哥等地，进行跨国志愿服务。2011年，第26届世界大学生运动会在深圳举行，深圳127万名志愿者投入各种志愿服务中。他们所表现出的专业精神和敬业精神，他们所积累的服务理念与经验，在不知不觉中提升了深圳志愿服务的标准，见证了志愿精神的生长。

一批又一批的志愿者把爱心服务延伸到海外，在弘扬了中华民族精神的同时，也促进了民间外交活动的开展，推动了深圳志愿者与世界的接轨。

袁帅：24岁小伙体悟志愿真谛

2009 年 8 月 14 日，中国援非青年志愿者出征仪式在北京举行，来自深圳的袁帅代表出征的志愿者们接受了时任国务院总理温家宝的授旗。温总理叮嘱他们"好好工作""照顾好自己"。面对总理，袁帅带领志愿者们郑重举起右拳，铮铮誓言在庄严肃穆的礼堂中响起："我志愿成为一名光荣的中国援非青年志愿者。我承诺：尽己所能，不计报酬，帮助他人，践行志愿精神，弘扬中华文化，增进中非友好，服务非洲发展，为建设和谐世界贡献力量。"这无疑更加坚定了志愿者们援非的决心。

袁帅是在公司内部网站上看到志愿者招募公告后报名的，经过笔试、面试和培训，成为 20 名赴多哥的志愿者之一。接过队旗，袁帅说，"肩上的担子更重了，使命感更强了"。这次出征，深圳有 20 名青年志愿者在多哥开展为期一年的志愿者服务，在首都洛美和卡拉开展通信网络、体育教学、汉语教学和中医等服务。

作为孔子学院的汉语助教，袁帅负责给学员纠正发音。他说，汉语很难学，但没想到学生们的接受速度很快，这让他非常感动。一天下午，袁帅准时来到教室上课，教学生唱中文歌曲，突如其来的停电扰乱了讲课秩序。歌词写在黑板上，想继续上课但什么都看不见，袁帅在考虑是让学生回家，还是继续上课。这时，班长站了起来，拿出手机。手机的光照在黑板上，一行一行地移动，照亮了歌词，随后，学生中有人跟着歌词唱了起来。随后，更多人拿出手机和班长一起打光。这一幕让袁帅非常震惊。当学生用手机照亮黑板，一遍一遍哼唱的时候，袁帅的眼眶湿润了。

2011年世界大运会"我在这里，青春更精彩"

"我在这里，青春更精彩"。这是深圳做好大运会志愿服务的核心理念。

2011年，第26届世界大学生运动会在深圳举行，深圳127.2万名志愿者投入各种志愿服务中，他们以U站为依托，创新探索社会组织参与志愿服务的长效机制，推动深圳市志愿者组织和志愿者工作向基层化方向发展。

这127.2万名志愿者由2.2万名赛会志愿者、25万名城市志愿者和100万名社会志愿者构成。志愿者在工作中可获得五大保障，包括拥有身份注册卡、工作期间餐饮、工作期间人身意外伤害保险等。除此之外，深圳市还建立了一系列大运会志愿者服务的激励机制，包括服务时间超过30个小时的志愿者可获得一枚志愿者服务奖章。集齐大运会志愿者服务8枚奖章的志愿者将被授予志愿者杰出奖章。

事实上，深圳的志愿服务在大运会期间就体现出越来越明显的国际化特征，与香港也高度融合。比如，在为本届大运会服务的志愿者中，有100名来自欧盟，32名来自俄罗斯，逾800名来自我国香港，创下香港义工参与内地大型活动的新纪录。

在大运会中，全市设立了志愿服务U站，25万名城市志愿者以此为站点，提供信息咨询、语言翻译和应急救助等城市志愿服务。在大运会结束后，有关部门在各区选定部分U站，由社会组织特别是义工组织承接，继续为市民提供志愿服务。

除此之外，2011年，深圳市委、市政府下发了《关于建设"志愿者之城"的决定》，在全国首次系统性提出了建设"志愿者之城"

的目标，致力把深圳打造成一座乐于奉献的城市。

"我在这里，青春更精彩"，透露出的是一股挡不住的从容、自信和阳光，志愿者用自己的行动诠释着志愿无疆。

结　语

改革开放40多年，伴随经济社会的腾飞，深圳的各类公益性社会组织得到蓬勃发展。当前，深圳"志愿者之城"建设进入3.0阶段，推动志愿服务从最初的提供基础性社会服务向纵深参与社会治理、凝聚社会共识转变。

城市的文明不仅体现为高楼大厦，更是一种人的精神文明，而志愿服务可以在文明城市的建设中发挥重要的支持作用。志愿者是社会资本的创造者，志愿服务活动也是维持社会良性稳定发展不可或缺的力量。

有了组织化、专业化的发展，深圳志愿服务用"深圳模式"诠释着爱与奉献的人文精神。从志愿者身上可以看到，深圳义工以天下为己任的强烈社会责任感、无私奉献的高尚品格无不感动、激励着我们；深圳义工历经艰难、痴心不改的顽强精神，及扶贫支教的壮举，集中展现了当代深圳志愿者崭新的精神风貌。

深圳义工事业跨越发展
（2011年至今）

方慕冰[*]

在深圳，有 175 万人有个共同的特殊身份——志愿者。这些"红马甲"们不仅仅活跃在机场、车站，出现在深圳的大街小巷，还深入这座城市的方方面面。他们是护河治水的"河小二"，是援外交流的民间大使，是灾后救援的先锋队……30 年来，他们为这个时代留下了一个个精彩的注脚。

"志愿者之城"的建设

深圳是全国志愿服务的发源地之一，自 1989 年在全国率先推进志愿服务工作以来，开全国之先河，创新多项举措，一直在全国志愿服务工作领域保持领先地位，是深圳人文社会领域在全国的一张响亮名片。2011 年 12 月 5 日，深圳市委、市政府出台《关于建设

---

[*] 方慕冰，《深圳特区报》记者。

"志愿者之城"的意见》，在全国首次系统性提出建设"志愿者之城"的目标，由市委书记担任"志愿者之城"建设工作领导小组组长，由区委书记牵头建设"志愿者之区"，由党工委书记牵头建设"志愿者街区"，形成了全面推动的工作态势。

"改革创新是深圳经济特区的特质，'深圳义工'的发展，其实经历了三个阶段。"时任团市委志愿者部部长李琼回忆道。在"深圳义工"发展的 1.0 阶段即起步阶段，深圳义工多项改革创新举措在全国是超前的，包括最早注册法人义工团体，把志愿服务群体从青少年拓展到全年龄段，等等。

"那时候，深圳义工最显著的特征是社会化、项目化、活动型。区别于行政动员，深圳最早通过社会化动员方式来组织志愿服务，特别是依托共青团组织的群众属性，越到基层网络体系越完善，更利于自下而上的动员。"李琼补充道，"这一时期的问题在于注重以开展活动的形式参与社会服务，主要集中在社区、老人院、福利院等场所，多在周末、工作日晚上等时间活动，具有碎片化、临时性的不足。"

2011 年，在深圳举行的第二十六届世界大学生运动会将深圳义工推到历史发展新高度，大量社会力量踊跃加入义工队伍，义工组织和义工注册人数呈现井喷势头。过去单纯的活动型、碎片化、临时性的义工服务已经不能满足庞大的义工队伍的需求，亟须开辟常态化、岗位化的志愿服务。

这个时期，由于深圳全面进入互联网时代，手机端一键应用平台层出不穷，志愿服务必然要引入信息化的手段。面对这一形势和挑战，"深圳义工"开启 2.0 阶段。

"这个阶段的特点很明显，主要的理念为：制度化、岗位化、信息化。为此，在制度化层面，我们通过努力实现了'立法＋制度'的'1＋12'管理模式，'1'即《深圳市义工服务条例》立法，'12'即招募、培训、岗位服务、日常行为规范等12项制度，这个管理模式的确立，有效地规范了当时蓬勃发展的义工组织和义工活动，及时地防范和化解了风险。"李琼说。

同期，深圳志愿服务U站的出现和广泛发展成为"深圳义工"的一大亮点。大运会结束后，U站作为文化遗产被保留下来，也成为"志愿者之城"的重要标识。之后，U站创新"连锁"运营模式，从最初的城市志愿服务U站，裂变为医疗健康U站、政务服务U站、文明旅游U站、生态环保U站等，U站实行365天不打烊的运行制度，创造了大批常态化的志愿服务岗位，满足了源源不断注册的义工需求。

正是在这个发展阶段，深圳义工的发展插上了互联网的翅膀，"志愿深圳"信息化平台正式推出，全国首张多功能电子义工证在深圳诞生，志愿者实现了电子档案管理，志愿服务时间有了规范化的记录，志愿服务供需双方通过网络平台实现了实时一键对接。

目前，"深圳义工"进入3.0发展新阶段，这一阶段的发展思路是以制度化、专业化为引领，推动志愿服务从提供社会服务向参与社会治理、凝聚社会共识转变。

截至目前，全市注册志愿者达到165万人，比2011年翻了两番，占常住人口的比例达到13.1%，位居全国前列。可以明显看到，志愿服务参与主体更加多元。近年来，党员、团员在志愿服务中逐渐成为主导力量。其中，党员志愿者28.5万人，占志愿者人数的17.3%；团员志愿者34.3万人，占志愿者人数的20.8%。来深就业、创业的高学历人员、科研团队、海归等高层次人才踊跃加入志愿者队伍，在创新创业的过程中通过志愿服务的形式回馈社会。

此外，志愿组织发展更加规范和专业。目前，在深圳市义工联登记备案的志愿服务组织有 1.1 万家。同时，团市委带领全市各级团组织在医疗救护、护河治水、垃圾分类、海洋保护、法律援助、科普教育等 19 个领域组建了 1022 支专业志愿服务队伍。

志愿服务阵地 U 站的建立

大运会过后，志愿服务 U 站作为城市志愿服务的载体、市民参与社会管理和社区服务的平台被保留了下来。而且，在充分总结大运会城市志愿服务经验的基础上，U 站服务内容逐步增加了志愿信息服务、志愿文化宣传、志愿服务体验、社区志愿服务、文明服务、主题服务、应急服务、其他特色服务等。

"大运会的时候我在大剧院地铁 U 站，负责那边的指引工作。"蔡健妮说。那时候，她每天从早上 7 点到晚上 10 点多都需要在马路边执勤，巡查安排值班、换岗，坚持上三个班。站了一天，腿都静脉曲张了，肿得蹲不下来，每天回家第一件事情就是用热水泡脚，不然第二天连蹲都蹲不下去。"年轻义工则被安排去东门、万象城附近，外国人喜欢去那些地方，他们懂英文、素质高，能代表深圳义工的良好形象。"

各个 U 站结合各自地理位置、志愿者及其组织单位的实际情况，策划特色服务项目，创新和发展了健康 U 站、绿道 U 站、机场 U 站、文明旅游 U 站、禁毒 U 站、法律 U 站等各类志愿服务 U 站，实现了"连锁"品牌推广。目前，深圳市志愿服务 U 站达 365 个。

大运会结束后，蔡健妮接手荔枝公园 U 站，每周安排 10 多个义工轮流值班，保证一年 365 天不间断服务。由于荔枝公园 U 站就在公园门口，很多人在公园里锻炼，难免会出现意外受伤等情况。因此，U 站里会配备免费的热水、雨伞，药箱里还有感冒药、肠胃药、胶布、消毒药水等。

"我一周在这待两天，家人都说我把自己卖到这里来啦。"蔡健妮笑着说。逢年过节的时候，很多外地义工要回家，身为本地人的她只在大年三十那天回家做了一顿饭，就又回到了工作岗位上，真正做到了 U 站过年都"不打烊"。

志愿服务 U 站是城市的窗口。荔枝公园 U 站坐落在人流量大的深南大道上，是"窗口中的窗口"。对于蔡健妮等人来说，需要熟悉周边环境，甚至是周边城市的环境。他们都有自己的小本子，用来记下、更新城市服务信息，再发布到 QQ 群里，告诉大家注意事项，这样服务就更便捷了。"从礼拜一到礼拜天，每天都要排班，2 ~ 3 个人一个班。打扫卫生、清理 U 站、指引路人……这些工作都要列出来，写在值班日志里，还要发微博。每个 U 站每个月要发 10 条微博。"正是出于这种用心，从 2014 年开始，荔枝公园 U 站连续 4 年被评为城市志愿服务明星 U 站。

U 站作为志愿服务工作的载体，不仅仅停留在传统的志愿服务项目上。在 U 站功能不断演化与开拓的过程中，U 站与许多职能部门已有的便民利民工作结合，不断衍生出新的服务功能。例如，为促进志愿服务贴近基层实际，推动志愿服务向医疗领域的专业化发展，团市委、市医管中心于 2015 年 7 月联合启动"健康志愿服务 U 站进医院"这一重点项目，率先在全国探索医疗系统志愿服务岗位化、专业化运作模式。在市医管中心和各级医院的大力推进下，目前全市共有 24 个健康 U 站，在改善患者就医感受、加强医患沟通、优化就医软环境等方面取得了初步成效。

此外，首个法律 U 站的建立也是志愿服务专业化的重要表现。在共青团深圳市委员会和深圳市中级人民法院等单位的共同努力下，深圳市中级人民法院法律志愿服务队正式成立，更为"高大上"的全国首批法院系统设立的单体式、全天候开放的志愿服务站也于 2016 年 9 月中旬挂牌成立。值得一提的是，法律 U 站志愿者队伍大多由有法律背景和心理学背景的高学历志愿者构成。

深圳志愿服务信息化体系的建设

老义工丘卫平在谈到志愿服务信息化的时候，掏出自己的钱包，里面有一张发黄的义工证。他说道："志愿服务不能行政化、官方化，而应该更便民，无论是出于什么初衷，只要想做义工，就都要支持，并提供相应的条件和技术手段。"

丘卫平还记得，深圳提出建设"志愿者之城"时，由于志愿者人数迅速增加，传统的管理办法不适用于数目日益增长的志愿者。"义工的服务时间会导致奖励的区别，传统的管理方法是每个组长在各组义工的义工证上登记大家的工作时间，人数一多就管不过来。并且，义工工作时间的认定也需更规范的程序。"

从小爱好无线电的丘卫平对志愿服务的信息化充满了信心。"信息化系统具有两方面的功能，一方面是用现代化的手段管理已注册志愿者；另一方面也提供了一个平台，让需要志愿服务的群体和能提供志愿服务的群体相链接。例如，需要法律援助的贫困家庭可以在上面找到能提供志愿服务的律师群体。这也是我们在信息化体系建设过程中的一个创新。"

深圳建设智慧型"志愿者之城"信息化体系有优良稳固的基础。2013年，深圳市义工联与中国电信开展战略合作，组建工作团队初步建成志愿服务信息大数据库系统。通过访问志愿服务数据系统，志愿者可在线注册、报名服务、接受培训，志愿服务全流程实现了由纸质化向数字化的转变。进入移动互联网时代以来，市义工联通过与电信、高校、科技志愿者队伍等组织的合作，建立了专业开发团队，共同打造了"志愿深圳"2.0平台。

"管理中要体现服务。"丘卫平在回忆推广电子义工证的初衷时说道。电子义工证上有志愿者的姓名、义工号等基本信息，但没有身份证号、出生日期等个人隐私信息。

此外，电子义工证也是一张金融卡，不过是一张有金融功能的联名卡，没有标识，不激活就是一张普通的卡。不仅如此，电子义工证还可以当作交通卡使用，还拥有人身保险、优惠旅游等多种便民功能。

另外，团市委和市义工联还开发了"志愿深圳"移动平台，实现了市民和志愿者动动手指即可随时随地了解和参与志愿服务。"志愿深圳"信息化平台还接入了微信、支付宝中的城市服务功能，极大地扩大了志愿服务影响力，使志愿服务融入市民生活中。总而言之，就是通过智慧型"志愿者之城"信息化体系建设，实现志愿服务工作的科学化、专业化、常态化和规范化，加强信息化的支撑，让"志愿服务简而易行"。

综上，深圳开展的智慧型"志愿者之城"信息化体系建设逐渐形成"一证"（电子义工证）、"一平台"（"志愿深圳"信息平台）、"多入口"（接入微信、支付宝智慧民生城市服务）的工作体系，实现志愿服务工作的科学化、专业化、常态化和规范化。信息化体系建设自 2013 年以来被大力推进，目前已做到深圳市、区、街道、社区四级志愿组织全覆盖。当前，全市通过"志愿深圳"信息平台注册的义工超过 175 万人，占常住人口的 13.1%，志愿者组织有 1.1 万家，累计开展服务项目 87 万余次，人均登记志愿服务时间约 40 小时，接受志愿服务的受益群体超过 1200 万人次。"志愿深圳"信息平台日均浏览（访问）量超过 10 万次，电子义工证持证人员超过 53 万人。

全面打造"志愿者之城"3.0版本

3 月 5 日是学雷锋纪念日，也是第十四届"深圳义工节"。在这一天，团市委、市义工联打造的深圳"义工天地"展馆开始试运行。在这个占地面积 1038 平方米的空间里，有 2 个厅 8 个区，分别是序厅、正厅及服务接待区、数字互动区、形象识别区、历史展示区、工作展示区、项目路演区、公益慈善区、学习交流区。展馆在投入使用后，将为全市义工提供文化交流、学习培训、项目接洽、组织孵化、工作展示等公益服务，还能通过现代化手段进行义工注册，看到深圳义工发展历史中的精彩片段。

在第十四届"深圳义工节"开幕之际，深圳"义工天地"展馆进入试运营阶段，是为了通过展馆的形式，充分增加人们对深圳义工的了解，传播深圳义工文化，孵化培育优质义工项目，激发越来越多的人参与到志愿服务中，并进一步推动志愿服务从提供社会服务向参与社会治理、凝聚社会共识转变，打造共建共治共享社会治理格局，将深圳打造为"志愿者之城"3.0 版本。

如何从提供社会服务向参与社会治理乃至凝聚社会共识转变，

打造共建共治共享社会治理格局呢？团市委在生态文明建设上先行示范，以专业志愿服务为切入点，创新实施志愿者河长制，探索出一套推动社会参与、实施专业参与、实现全过程参与、坚持改革创新的模式，形成了可复制、可推广的深圳经验。

水污染防治是一项专业性极强的工作。志愿者因使命感、兴趣爱好而迅速集结，但是专业薄弱的问题极大地限制了其参与的长效性。深圳率先探索"地方政府＋专家学者＋社会组织"的专业化志愿服务参与水污染防治模式，一方面，在全国率先成立首个专业机构——中国志愿者河长学院（深圳），集聚国家水科院、环科院等权威机构专业力量，以及全国各高校、中国河长智库研究院、全球水伙伴等研究机构专家力量，为志愿者参与水污染治理提供智力支持；另一方面，实行专业运作，在全国率先成立首个地方性法人志愿者河长组织——深圳市志愿者河长联合会，通过组建专家委员会、筹建法人社工机构、编写培训课程体系、实施专业培训、开展课题研究等，将一支普通的社会力量打造成为一批专业的志愿者队伍。

北京大学深圳研究生院"绿色＋"协会的余淑琦就是一名专业治水志愿者。"在整个活动过程中，我们动员高校学子参与了徒步沿河寻污、污水厂科普行、深圳湾净滩、海绵城市建设调研等活动，充分发挥我们的专业特长，在活动中积极向市民朋友们科普节水护水知识。"在余淑琦看来，作为高校学子，尤其是研究生，应该充分利用自己的研究和创新能力为水污染防治工作建言献策，作为"智囊团"为广大义工朋友们提供理论指导。

黑臭水体治理的问题在水里，根源在岸上。仅仅聚焦水体问题是不够的，应该将志愿者的参与扩大到岸上等环节，建立河流治理全过程参与模式。深圳志愿者河长根据实践探索出"呼吁、监测、发现、传递、反馈、宣导"的"闭环链条服务模式"，将志愿者的服务贯穿整个河流治理的前期、中期、后期，以及河流治理完毕后的运营维护工作。建立点面结合的监督机制，深圳创新性地在茅洲河、大沙河、坪山河等6条重点河流流域内建设了6个实体化、阵地化运作的护河志愿服务U站，设立了92个常态化志愿服务监测点。依托"志愿服务U站+监测点"的阵地，志愿者河长以点带面，开展水质监测、圆桌对话、河流知识小课堂、问卷调查等多种志愿服务活动。

"护水骑兵"廖志雄的日常工作包括巡河和监测。"我是2013年加入罗湖绿色出行志愿者协会的，长期活动在罗湖和大鹏，关注公益事件及绿色环保出行，多次组织福田区、罗湖区、坪山区、大鹏新区的巡河活动。"廖志雄说。近五年来，深圳在河道治理方面确实有很大改进，污水得到了整治，市民的文明行为也起到了积极作用。"我们的护河志愿服务行动得到市民的好评和认可，我和伙伴们一定会继续努力，壮大'护水骑兵'的队伍，做好榜样，服务社会！"

志愿服务还是社会润滑剂和稳定器。石茜是一名退休老师，现在每周有1~2天，从早上9点到下午6点，她都会在市信访大厅参与志愿服务。"我主要做来访者登记引导工作，协助来访者填写个人信息及来访诉求，并引导他们到相关的访客室，例如公安、司法、城建、交通等各个类别。"石茜说，看起来简单的工作背后，其实需要付出许多心血。"有的上访市民情绪较激动，我们需要耐心地用安抚的语气、言辞去沟通和交流，帮助来访者完成填表登记。"

除了信访大厅，团市委还在医院、法院、税务、社保、口岸等办事大厅都推进了志愿服务工作，设立特色U站，取得了良好的效果。志愿服务进驻办事大厅后，志愿者与办事大厅的工作人员密切配合，快速和有效地指引、疏导人流，有了"红马甲"的介入，办事群众的文明意识大大提高，文明排队、礼让老幼等现象大幅增加。

各区在志愿服务参与社会治理方面也有独特的探索。例如，为了促使志愿服务助力道路交通安全，大鹏新区开展了"马路天使"交通志愿服务，于2018年9月创新建立"交警+志愿者"文明交通路长制，义工主要协助交警劝阻和制止行人乱穿马路、闯红灯、超速、超载等交通违法行为。项目服务分为常态化服务和旅游旺季服务，分别在大鹏新区6个公交站台和18个路口开展。除了参与日常社会治理外，深圳团市委与深圳市义工联还深度参与城市公共安全和平安创建，培育专业的地质灾害救援、野外山地救援、消防应急等队伍，扶持壮大了公共安全义工联、公益救援队、"智慧海"救援队等一批维护城市公共安全的专业队伍，而且还推动专业社会组织积极参与社区禁毒、治安整治、安全隐患排查等工作。

2018年，第22号超强台风"山竹"袭击深圳市，为缓解深圳市灾后清障工作压力，团市委、市义工联在9月17日发起"爱深圳，义起行"倡议。倡议发出后的两天内有超过3万名义工响应号召，并在自身能力范围内参与清障活动。各志愿服务组织也积极参与清障工作，为深圳市恢复正常生活生产秩序做出重要贡献，受到广泛好评。公益救援队队长石欣就是一名参与"山竹"救援活动的志愿者。在台风"山竹"登陆的当天晚上，石欣和他的队员们在福田区御景华城住宅区开展高空抢险救援。"当时'山竹'刚刚登陆不久，正是阵风强劲的时候，公益救援队接到了这起求助电话。"经过现场评估，石欣认为必须马上采取行动。他立刻调动指挥了4名专业的高空队员，经过 1 个多小时的抢险，排除险情，确保了安全。台风过境后，石欣带领救援队的义工们积极参与道路清障工作，召集队员投入辅道、非机动车道、人行横道、园区道路的打通和清障工作中。

怎么以志愿服务为纽带，通过"走出去""引进来"相结合，超越文明隔阂，实现民心相通呢？团市委加强与"一带一路"沿线国家和地区志愿服务工作的国际交流与合作，推动深圳积极参与"一带一路"建设、提升深圳国际形象，促进深圳市志愿服务国际化发展。除此以外，通过交流与合作，加强深圳市国际志愿文化研究，推动"一带一路"沿线国家和地区志愿服务经验和成果的知识分享。深化国际志愿服务长效合作机制，展示国际志愿服务成果，营造良好的国际交流氛围。

2018 年，深圳团市委承接第三批中国青年志愿者海外服务计划文莱项目，招募、选派 3 名青年志愿者赴文莱科技大学开展援教志愿服务工作。通过公开报名、资格审查、考核、培训等流程，3 名志愿者在 200 多名报名者中通过层层考核和选拔，最终脱颖而出。深圳团市委与深圳市义工联为援文莱志愿者开展了含志愿服务理念、中国文化、文莱风土民情、外事礼仪等方面的培训课程，确保志愿者当好两地友谊的接力者、志愿服务的践行者，展现中国青年和深圳青年的良好风采。

"在文莱，印象最深刻的是外出参观正好赶上一场婚礼，新人的家属热情地邀请我们一起合照，那一刻，内心有一种治愈般的感动，在那些生命里最特别的时刻，始终对陌生人保有最大的善意，去分享生命中的喜悦、馈赠。"援文莱志愿者队长周海宇说起自己在文莱的见闻时，感受颇深。"在文莱的经历让我对志愿服务有了更深层的理解，志愿服务可以超越文化、国界、信仰等，在全世界实现'赠人玫瑰，手有余香'。"

2018 年 10 月 23 日，中国（深圳）援外青年志愿者赴文莱服务队顺利出征。在文莱开展服务的日子里，他们贡献青春力量，传播阳光、自信、包容的中国文化，展示负责任、有担当的中国青年形象。

深圳基层义工事业发展实践

余晓泽[*]

作为改革开放先锋城市，深圳的义工事业一直走在全国前列。1990 年 4 月，全国首个义工团体——深圳市义工联成立。此后，深圳各团区委在团市委的指导下，逐步建立起区、街道、社区等层级的义工组织和服务站点，志愿服务事业如火如荼地开展起来。福田区莲花北村义工站是全国首个社区义工站，罗湖区义工联是全国首个区级义工组织，南山区"义工在线"是全国首个义工专业网站……深圳各区敢为人先，率先探索志愿服务专业化道路，打造切合各区实际的志愿服务品牌。

深圳各区当中，福田、罗湖、南山、盐田、宝安、龙岗是建制较早的行政区，义工事业发展较为成熟，注册志愿者人数占辖区常住人口的比例在 10% 以上，福田、罗湖、南山三区的注册志愿者人数均超过 10 万人，宝安、龙岗两个人口大区的注册志愿者人数更是达到 30 万人。龙华区、坪山区、光明区、大鹏新区虽成立晚，但志愿服务不缺位，如龙华区的注册志愿者人数已经超过 20 万人。此

---

* 余晓泽，《深圳特区报》首席编辑。

外，深圳还有前海深港现代服务业合作区、深汕特别合作区两个功能区，都处在大开发、大建设阶段。

深圳各区高度重视义工事业的发展，并将其纳入区一级工作统筹安排。比如，罗湖区提出打造"志愿者之城先行区"，每年给予专项工作经费支持；志愿服务"暖城计划"被列入宝安区 2018 年民生实事项目清单；光明区设立"光明奖"，表彰义工服务先进典型；等等。

志愿服务不仅要有爱心和热情，还要走专业化道路，这已经成为各区的共识。比如，盐田区是志愿服务"岗位化"模式的倡导者，通过"定岗定标"提高自身志愿服务水平。南山区义工联自成立以来就设立专业服务组别，还成立志愿服务研发中心，以开发更好的服务项目。大鹏新区成立由专业人士组成的公益救援队，不仅参与抢险，还开展各种公益宣传活动。

在专业化、项目化的带动下，深圳各区（新区）志愿服务品牌项目层出不穷。福田微公益、龙岗"爱心银行"、龙华特色 U 站、坪山"河小二"、光明"义警"、大鹏"守护海岸线"等，成为深圳各区精神文明建设亮眼的城市名片。

福田：社区义工服务在这里起步

"我们都是平凡人，只是活得不一样。"2016 年 12 月 3 日晚，一场由真实义工本色主演的话剧在福田区石厦戏剧主题馆首演。义工们在这里通过讲述自己的故事，为福田义工联 20 周岁生日送上一份贺礼。话剧开始前，福田区领导为陈敏学、张威珍、何淑琴、吴光玉、闫巨勇等默默奉献 20 年的义工颁发福田义工联 20 周年纪念勋章。

张威珍今年 80 多岁了，被大家亲切地称为"义工奶奶"。1993 年，她随儿女从哈尔滨来到深圳，于 1994 年搬入新建成的莲花北村住宅，这是深圳最早的大型社区之一。1995 年 4 月，当莲花北村义工站成立时，当年已经 60 多岁的张奶奶第一个报名参加，成为一名既要搭热情，又要搭时间，还要顺带"倒贴"的站长。这是深圳市首个社区义工站，也是全国首个社区义工站。

"当时'义工'是个新名字，都不知道是做什么的，一开始有 20 多人报名，听说不挣钱，很多人就走了，只剩下 9 个人。"张威珍老人回忆最开始的义工站，只有一间空房子，要什么没什么。于是，她带着其他 8 个人开始一点一点摸索，"都不懂，也不知道怎么做，那就从社区的需求出发，大伙需要什么，我们就帮什么"。

20 多年来，莲花北村义工站成员从最初的 9 名老年人发展到目前老中青相结合的 2000 多人，祖孙义工、夫妻义工屡见不鲜。2012 年，深圳还成立了全市首个社区志愿者联合会——莲花北社区志愿者协会。

莲花北是福田义工事业发展的一个精彩缩影。20 多年来，福田义工联从最初的 9 个人发展到如今的注册志愿者人数超过 12 万人，团体义工队逾 295 支，覆盖科、教、文、卫等领域，志愿者每年服务社会的时间超过 240 万小时。

专业化的需求催生着专业化的服务。"比如，在老人院服务的志愿者，就越来越要求提供个性化服务，像是老人的东西不能随意乱摆放，要满足其生活习惯。团福田区委原书记钟义应说：关爱特殊儿童，不仅要招募专业的康复治疗师进行服务，还要培训更多的志愿者对孩子进行一对一的社会化服务。"为此，福田区义工联成立了廉政义工、环保义工、法律援助义工、口岸义工、禁毒义工、消防义工、山地救援义工、教师义工等多个专业领域的义工团队，通过打造重点服务项目，突出志愿工作的针对性。

福田的志愿服务已走过20多个年头，志愿服务的理念和服务方法也在不断更新。到贫困地区实地了解山区孩子的小小梦想，并发动深圳市民和同龄人帮他们实现，这就是福田义工服务的一块闪亮招牌——微公益。2013年12月19日，中国青年报在头版头条位置，以《打造个性微公益 温暖青年追梦人》为题，对"福田微公益"进行了报道。

"现在的公益行动都是批量进行的，一批批地送文具、捐款捐物。但除了批量化需求外，还应根据个性化需求、差异化想法做公益。"钟义应这样解释"福田微公益"活动的初衷。

近期，在福田义工联的组织下，社会公益组织青年和辖区中小学生策划实施了两个寻梦活动，进入广西巴马、江西于都征集山区困难青少年微愿望共120个。借助微信、微博等新媒体发布微愿望信息，便于社会人士了解捐助渠道，已累计帮助460名困难青少年实现微愿望。

罗湖："志愿者之城先行区"的新探索

罗湖口岸，目前中国客流量第二大的陆路口岸，高峰期日均客流量超过30万人次。这里是中国对外交往的窗口，也是深圳乃至全国志愿服务的发源地。

改革开放之初，港澳同胞、海外侨胞和外国人缺乏中国旅行经验，口岸区域的软硬件设施和服务水平都比较落后，远远满足不了进出口岸旅客和外籍人士的需求。1980年，罗湖口岸出现了中国最早的义工群体，为港澳同胞提供扛包提箱、指引道路等服务。罗湖区义工联秘书长邢雁介绍，当时为便于沟通，使用的是港澳地区通行的"义工"称谓，而没有使用内地比较流行的"志愿者"说法。

那时开展志愿服务的条件十分艰苦，义工人数少，服务对象复杂，没有成熟的体系，一切都是摸索着前进。最早的罗湖义工甚至没有统一标识和统一服装。资料记载，早期罗湖义工的旗帜是蓝色的，上面用黄色标示着罗湖义工的LOGO。中间一个圆点，下面两个人，好像是大家共同举着一个圆点，远远地看是中文简体的"义"字。

经过40年的发展，罗湖口岸义工服务走向常态化、规范化。2018年9月，全国首个边检特色U站——"罗湖口岸边检志愿服务站"揭牌成立，每天有20名志愿者驻点服务。"边检U站由边检站自筹资金，边检部门会对志愿者进行专业的边检业务培训。"罗湖边检站的工作人员表示，给边检U站的志愿者所安排的岗位将比普通志愿者更加重要，他们负责引导出入境旅客文明出行、有序通关，还会为出入境旅客提供边检业务咨询、出入境法律法规咨询、帮扶、应急等服务。

罗湖桥上的义工服务发展呈星火燎原之势，罗湖区的义工事业发展也一直走在前列。1994年4月，罗湖区义工联成立，成为全国首家注册成立的区级义工组织。2012年，深圳市委、市政府提出建设"志愿者之城"战略规划，罗湖区相应提出打造"志愿者之城先行区"，在全区83个社区建立志愿者服务站，每年给予其专项工作经费支持。2017年，罗湖提出打造"志愿者之城先行区"的升级版，让志愿服务成为城市公共服务的重要力量。

在这样的大背景下，罗湖义工的志愿服务开始从零散化向体系化发展，从简单的拾漏补缺向特色服务转变。由罗湖区自主规划建设的绿道U站于2014年投入使用，成为全市首个以提供绿道服务、环保骑行为服务主旨的城市 U 站，广受市民好评。2016 年成立的罗湖文体 U 站是全市首个以提供文化体育服务为主题的城市 U 站。全区的城市 U 站每年的志愿者人数有近 3 万人次，开展特色服务及活动 500 余次，服务市民近 60 万人次。

截至 2018 年，罗湖区成立基层义工联 13 个、社区义工站 83 个、志愿者团体 400 余家、志愿服务社会组织 15 个，并推动市人民医院、罗湖法院、罗湖国税、罗湖口岸、市福利中心等建立特色志愿服务 U 站。时至今日，罗湖的注册志愿者已超过 16 万人，占全区常住人口总数的比例超过 15%，累计为社会提供志愿服务超过 2000 万个小时。

盐田：志愿服务"岗位化"模式的倡导者

"我是 1949 年来到深圳沙头角的，那年我只有 10 岁，算是将近一辈子住在这里。我因为做好事被政府授予很多荣誉，被树立为榜样，我感到受宠若惊，同时也觉得肩上责任重大。"80 岁高龄的陈观玉被尊称为"当代活雷锋"，是盐田志愿服务发展的一面旗帜。

陈观玉一辈子乐善好施，1995 年申请加入深圳市义工联，编号为 530，即第 530 位义工。"在义工联中，虽然我的年岁比较大，但是和年轻人在一起，我觉得自己的生活更丰富了，圈子更大，朋友也更多了。我的主要任务是看望白血病患者，跟他们说笑，给他们表演节目等，帮助他们解开心结，勇敢地与病魔抗争。"陈观玉老人说。

老人家住在沙头角中英街沙栏吓村，这里是深港交界地带，客流、物流复杂。在她的感染和带动下，中英街活跃着一群年轻义工，他们依托中英街特殊的窗口作用和地理位置，弘扬雷锋精神，延续陈观玉拥军、拥警、拥政、爱民的优良传统，目前已发展到400多人。2017年10月，这群义工在深圳市义工联正式注册为"深圳市中英街雷锋爱心义工队"。

陈观玉见证了盐田区志愿服务的发展壮大。作为深圳原特区内面积最小、人口最少的行政区。盐田区虽建区晚，但志愿服务起步早。1998年3月，盐田区挂牌成立，同年5月，区义工联即宣告成立。目前，盐田区注册志愿者超过2.4万名。

推广"岗位化"志愿服务模式，是盐田区志愿服务的一大亮点。"过去盐田仅有城市U站等少数几个固定志愿活动阵地，大部分志愿活动呈现运动化、短期化的特点，缺乏有序开展活动的岗位阵地和长效机制，导致有些领域集中接受过量服务，有些需要志愿服务的领域却没有志愿者参与。同时，志愿活动集中在低技术含量领域，种类少、次数少，志愿者选择范围小，也难以运用专业技能服务社会。"盐田区义工联原副秘书长孙晓康说。

针对志愿服务中存在的种种困局，盐田区从2013年下半年开始探索建立"岗位化"志愿服务模式，并将其列为2015年区级重点改革创新项目之一。"岗位化"是指将较为固定的志愿服务需求设置成固定的"岗位"，再通过信息化平台将"岗位"对外发布，让志愿者能够自主找到适合自己的服务项目，特别是让有专业技能的志愿者发挥特长，满足多元化的社会服务需求。"志愿服务岗位化改革后，扭转了以往'活动找不到志愿者、志愿者找不到活动'的局面，逐步形成了福利院星光服务岗、中英街历史博物馆解说服务岗、盐田区图书馆'红马甲'义工岗等一批志愿活动品牌。"孙晓康介绍说。

2017年，盐田区又积极探索创新，打造"岗位化"志愿服务模式升级版，完成"志愿盐田"微信平台升级改造，推进青工关爱志愿服务标准化，积极对接区内外专业团队，将志愿服务岗位拓展至35个，涵盖服务细项152个，志愿服务能力和水平得到了有效提升。

南山：推动志愿服务专业化、项目化

2016年12月，南山区举办南山义工联成立20周年总结大会。在这次会议上，时任南山团区委书记蔡淡宏透露，南山探索成立"南山区志愿服务研发中心"，该中心借鉴"PDCA循环"质量管理运营模式，形成"策划研究项目—执行研发项目—检查监督指导—反馈项目成果"的管理模式，以开发更好的志愿服务项目。

这是南山区对志愿服务专业化、项目化的又一探索。事实上，南山区义工联自1996年成立以来就设立服务组别，在组织架构及服务内容上进行规范。"最早的30名南山义工，仅开展社区扶老助残服务。成立了南山区义工联后，规定谁提出的服务内容就由谁牵头组织，经过历届组长们的不断摸索和奉献，形成了网络热线、助老、助学、助残、环保、文化、培训、宣传等专业直属服务组，以及应急、护河治水、平安创建、普法禁毒等专业志愿者队伍。"区义工联秘书长郑志伟说。

"在长久的服务实践中，大家发现，做义工，不仅需要爱心和热情，还需要专业知识。此外，义工综合素质参差不齐，义工队伍迫切要求专业化的知识储备，从源头上提高义工素质和强化专业化团队协作。"郑志伟说。

经过一番孕育与实践，南山团区委、区义工联发现，通过项目化让志愿服务社会化，最能直接联系群众并解决实际困难，项目化是实现义工专业化的有效途径。例如，南山区于2014年启动"关爱老人、共同守望"爱心助老志愿服务项目。区义工联以助老组为基础，成立了专业化助老志愿者社会组织——南山区助老志愿者协会，具体负责该项目的实施。义工每天给老人提供一顿爱心午餐，每周提供一次爱心水果，每周固定安排一次上门陪护。义工在服务上也做到细致入微，每次在送饭菜时，都会询问老人明天想吃什么，希望几点送到。该项目也获得了社会的认可，入选了第十二届深圳关爱行动"十佳创意项目"、南山区首届民生服务微实事项目创新大赛30强。

南山拥有一大批高新企业，集聚了全市大部分高校资源。南山区借助这个优势，在志愿服务信息化方面进行探索和实践。2000年10月，南山区"义工在线"网站开通，这是全国首个义工专业网站，完全由义工设计、制作、维护、管理，内容每日更新。在腾讯，一群技术达人成立腾讯志愿者协会，推出404公益页面，帮助寻找走失人口。在暨南大学深圳旅游学院，2014级的学生杜恭平和其同学成立了"模拟旅游公司"，将志愿服务和创业结合起来，动员有意向旅行的师生参加偏远山区"爱心公益之旅"，不仅可以游览当地景区，还可以跟随志愿者探访山区留守儿童。

此外，南山是在深外籍人士的聚集地，金发碧眼的国际友人当上义工，成了南山开展志愿服务的一抹亮色。沿山社区住了南山六成的外籍人士，2014年，南山区外事办、团区委以沿山社区外国人服务站为试点阵地，成立了国际志愿者服务队。"在这里做志愿服务，可以向外国友人传播中国文化，拉近彼此之间的距离，并帮助他们更好地在南山生活，同时也使自己获得更多与外国人交流以及自我锻炼的机会。"外语老师赵珊玲说。

截至2017年12月，南山区注册义工达到141882名，注册团体志愿者队伍 428 个，建立服务项目 4371 个；义工服务遍布南山的各个角落，全区 U 站为广大市民提供了包括城市宣传、文明服务、体验服务和主题服务等在内的志愿服务，成为南山的城市名片之一。

宝安：志愿服务向社会治理拓展

"开展社区志愿服务之'暖城计划'活动 7000 场，针对社区有需要的人群提供志愿服务。"在 2018 年 1 月召开的宝安区六届人大三次会议上，"暖城计划"被列入宝安区 2018 年民生实事项目清单。

2018 年，宝安团区委、区义工联 10 个街道 124 个社区全面实施社区志愿服务之"暖城计划"，针对有需要的人群提供关爱慰问、生活照料、结对帮扶、教育培训、心理咨询等常态化志愿服务，助力"共享家园"建设。

"引导志愿者沉入社区开展服务，让志愿服务成为你我身边的一种生活方式。"时任宝安团区委书记许琳表示，推进"暖城计划"，旨在促进社区志愿服务的系统化、标准化、专业化，提升社区开展志愿服务的积极性。2018 年 3 月，宝安区发布《社区志愿服务分类指引》，这部历时两年制定的文件，从社区类型、社区公共环境秩序、关爱对象、义工群体类别等方面为开展志愿服务提供了有针对性的具体指引。

"参加义工服务让我确实服务到居民，自己的内心也更加充实。"宝安上合社区义工吴景华说，建设共享家园，不是少数人做了很多，而是多数人"做了一点"，希望宝安越来越好，居民们也能享受到更多"共享家园"的美好与便利。

在社区中处处可见"暖城计划"义工的身影，在重大赛事中也不例外。宝安国际马拉松赛是深圳的一项重大赛事，宝安团区委、义工联组织志愿者圆满完成了"宝马"志愿服务。

社会化招募是"宝马"志愿服务的一大特色。"2016 年，我们根据赛事需求招募现场志愿者 2600 人，其中社会志愿者占 80%。同时，非常感谢深大志愿者的支持。2017 年，招募志愿者 2506 名，是全国唯一做到全部义工来自社会招募的义工联。义工不间断地提供志愿服务 14 小时，保障赛事服务高效完成。"来自宝安区义工联的江家贤说。

结合赛事举办的成功经验，团区委、区义工联还邀请专家学者撰写了《大型赛会志愿服务指引》，从大型赛会志愿服务岗位要求、大型赛会志愿者服务纪律要求、大型赛会志愿服务规范三大方面，为义工联组织志愿者开展语言服务、礼宾接待、赛会运行支持、媒体宣传、场馆运行、后勤保障等工作提供指导。

区义工联自 1995 年成立以来，从社区服务到重大赛事，再到社会治理，志愿服务范围不断向纵深发展。目前，宝安区成立志愿者总队，按"1＋10＋N"（区＋10 个街道＋N 个职能部门）的模式，将社会各界志愿服务组织纳入其中，形成多元化的志愿服务局面，广泛发动各类群体共同参与城市文明建设。2017 年 6 月，宝安志愿者总队联合十个街道志愿者大队和各部门支队，举行了"文明创建、志愿争先"万人誓师大会，12000 多名志愿者同时参与。会后，万名志愿者立即分赴全区交通要道主要路口、河道沿岸，开展市容市貌、交通引导、治水护河志愿服务，打响"文明创建、志愿争先"的攻坚战。

近两年来，宝安区共建设特色 U 站 22 个，分布在法院、医院、服务窗口、车站等与社会治理息息相关的领域，包括禁毒 U 站、法律 U 站、青少年宫 U 站、汽车站 U 站、健康 U 站、护河 U 站等。值得一提的是，2016 年，宝安区创建全省首家禁毒阳光志愿服务 U 站，目前已形成 3 个户外单体禁毒 U 站以及包括 27 个 U 站在内的禁毒 U 站工作群。截至目前，各类 U 站参与禁毒志愿者已有 54196 人次，接受服务人数有 60 万余人次。

龙岗：聚焦民生需求　培植志愿文化

"我们一起追梦，梦就是力量，梦就是方向。" 2013 年 12 月，一群 "红马甲" 登上央视《我要上春晚》节目，唱响 "中国梦" 歌曲《梦就是方向》。这群特殊的演员，就是来自深圳龙岗的梦想义工艺术团。

梦想义工艺术团前身为 2002 年成立的龙岗义工艺术团。2013 年 4 月，龙岗团区委和义工联将持续开展了多年活动的龙岗义工艺术团改组为 "龙岗区梦想义工艺术团"。跟其他义工服务团体不一样，这个团体的义工几乎都有职业歌手、职业主持等就业经历，他们用歌声做义工，用艺术做公益。

陈进是义工艺术团的首批歌手之一。2002 年，陈进辞去家乡文工团的工作，来到龙岗谋生。"当时是做酒吧歌手，我们这种人，总感觉没有根，飘到哪里是哪里。" 陈进回忆。一次经历改变了陈进。2002 年，龙岗举行歌唱比赛，陈进作为参赛者加入其中，在取得 "龙岗十佳歌手" 的成绩后，他首次参加了公益演出，也因此加入龙岗区义工联。

像艺术团这样在奉献爱心、服务他人的过程中培育志愿文化，是龙岗开展志愿服务的一大特色。2011 年，龙岗区南湾街道康乐社区首次引入银行经营服务的理念，打造 "爱心银行"。志愿者在爱心银行开设 "账户"，领取 "爱心存折"，将志愿服务时长折算为爱心积分存入"存折"中。当"储户"需要帮助时，支取"存款"便可获得其他志愿者的无偿服务。"爱心银行"获得了社会的广泛认可，许多爱心商家纷纷捐赠物资或提供服务，志愿者可以凭"爱心积分"换取。现在"爱心银行"模式在全市进行推广，作为发源地，龙岗区南湾街道在所有社区都建立了"爱心银行"，并成立了首个街道级"爱心银行"。

在 2016 年的第五届深圳慈展会上，龙岗区龙城街道义工联"义助"志愿助残服务平台被诸多慈善人士点赞。"义助"是一个聚集爱心人士做公益，由龙岗区残联、龙城街道义工联合力开发运行的公益服务平台。残障者可以通过"义助"平台上针对重残特困残疾人的"生活服务"模块发布生活服务需求委托，义工们通过在平台上查看委托清单，选择自己力所能及的委托提供上门服务。

类似"义助"的志愿服务项目在龙岗还有很多。龙岗团区委书记白黎敏表示，聚焦民生需求，推进城市文明建设，一直是龙岗区志愿服务的努力方向。目前，龙岗积极开展"四关爱"志愿服务项目，重点关注空巢老人、农民工、外来工子女、残疾人等特殊群体，着重在文化教育、公共文明、医疗卫生、环境美化等四个民生领域开展志愿服务。

在 2017 年深圳"文明创建、志愿争先"行动中，龙岗区开展 200 天持续行动，15 万名志愿者参与，提供 40 万个小时的服务，使志愿服务实现"点线面"全覆盖，助力龙岗在文明创建中以"零扣分"的成绩交出完美的答卷。2017 年 7 月，在龙岗大运中心举行的国际冠军杯中国赛中，4 万名观众散场后场内、场外不留一个垃圾，现场视频在网络上刷屏，这背后也离不开龙岗"红马甲"的积极引导和文明倡导。

截至目前，龙岗区注册志愿者突破 32 万人，各机关、学校、企事业单位共建立团体志愿者队伍 728 支。在医疗救护、抢险救援、垃圾分类、群防群治、助老助残、语言服务等 15 个领域组建专业志愿服务队，建立了覆盖广泛的志愿服务项目库。

龙华：特色 U 站引领志愿服务发展

位于深圳龙华的深圳北站，日均总客流量达 58 万人次。在候车大厅正中央，有一个爱心候车区，巨大的心形拱门、粉红色的候车长椅和卡通造型的儿童座椅格外引人注意。这就是 2016 年 1 月正式投入运营的深圳北站 U 彩爱心服务家园。这里设有老人候车专区、哺乳区、孕妇休息区、儿童乐园和其他重点旅客候乘区等服务专区，免费提供图书、电视、游乐设施等，还为特殊旅客提供个性化服务。日前，深圳北站"U 彩爱心服务"荣获"2018 年春运'情满旅途'活动服务品牌"称号。

唐祖斌，龙华区人大代表，深圳北站义工党支部书记。自 2011 年深圳北站 U 站打桩的那天起就在这里，他已经是北站 U 站的老面孔了。"北站 U 站麻雀虽小却五脏俱全，出于便民考虑，北站义工通过各种途径添置便民'小宝贝'。我们的义工很贴心，常常会在服务中不断发现和挖掘市民的需求，进而完善服务项目。"唐祖斌介绍道。

据了解，深圳北站交通枢纽建有四个 S 站、一个 S 站、一个 U 彩爱心指引台、一个 U 彩爱心家园，每天有 54 名义工开展志愿服务，周六日、小长假等重要时间每天增加至 120 名义工，春运、暑运时每天增加至 160～180 名义工。

被评为"深圳市 2017 年最受欢迎特色 U 站"的观澜护河志愿 U 站也是龙华区特色 U 站的典型代表。2016 年 12 月，观澜街道因地制宜，在大水田社区观澜版画基地入口附近设立了观澜护河志愿 U 站。通过设立观澜护河志愿 U 站，开展护河治水志愿服务，让更多市民参与观澜河的治理，保护家园环境；同时，结合非遗文化开展导游志愿服务，让更多人了解观澜的历史和人文背景，推广及保护非物质文化遗产。

与观澜护河志愿 U 站类似的还有福城生态文明 U 站。2018 年 5 月，位于茜坑绿道入口处的福城生态文明 U 站揭牌，这是深圳首个生态文明 U 站，着力构建"生态＋"志愿服务项目，包括"生态＋宣传教育""生态＋示范引导""生态＋实践养成""生态＋道德规范"等四大板块。福城生态文明 U 站的建立有利于积极探索基层义工服务新模式，创建义工队伍结构和服务机制，促进义工工作向规范化、社会化方向健康发展。

除此之外，龙华区还有观湖 U 站、龙华街道公园 U 站、大浪 U 站、福城健康 U 站等特色 U 站。这些 U 站成为龙华区开展志愿服务的重要阵地，为更好开展志愿服务活动、弘扬志愿者精神打下坚实基础。

目前，龙华区注册志愿者人数已由最初的不足 4 万人发展壮大到超过 20 万人。截至 2019 年 4 月底，龙华区累计发布了约 8.6 万个志愿服务项目，近 69.4 万人次参与，服务时间超过 254 万小时。

坪山："河小二"志愿服务的创新探索

在深圳坪山的各个河道边上，每天都活跃着一群显眼的"红马甲"，他们巡河打卡，并用相机记录下每条河流每天的点滴变化，这就是被坪山市民亲切称为"河小二"的义工护河小分队。"河小二"成员均来自社会群众和义工，他们在"民间级河长"的带领下，每天对河道进行义务巡查，发现并及时反馈问题，切实当好党政河长的助手。

2017 年 7 月，坪山区组建了"河小二"护水志愿者服务队，全年无休巡河、护河，目前共有护河义工 246 名，巡河服务时长达 10455 小时，精准助力"河长制"各项工作落实。

护河志愿服务总队下设 16 个支队，实行"民间河长 + 河小二"的分级巡查制，每个支队由 1 名固定河长和 9 名以上"河小二"组成，在坪山河干流、三角楼水、田坑水、碧岭水等 16 段河域开展河流支流全覆盖的系统巡查和网格化作战的护河、巡河，负责清理河两岸的边角垃圾，并对污水乱排放现象进行"随手拍、随手报"。截至目前，共计拍摄照片近 9500 张，确保问题一经发现，便可即刻拍照留痕。

"义工们上传的照片线索，我们后勤组工作人员都会及时进行剪辑，然后上报给区环水局。区环水局工作人员到现场调查、确认后，会把调查处理结果反馈给我们。"坪山区义工联直属团队负责人龚天华介绍，护河义工们的巡查方式是全天候的动态巡查，每天会利用各种便利，如早晚锻炼、白天散步等，随时就近巡查河道，哪怕出去办事经过河边时也会顺便看一看，因此不仅覆盖面广，而且具有机动性，效果也很明显。

"自 2017 年 7 月义工队成立以来，我坚持每天早晚各巡查一次，虽然发现的都是一些小问题，但大家的力量合在一起，对保护河流环境还是起到了不小的作用。"虽然巡河工作很辛苦，但年过 6 旬的义工老吴却无怨无悔。老吴说，2018 年春节他没有回老家，每天都坚持和其他留深义工一起照常巡河，大年三十也不例外。

除了组建动态巡查队伍，推行时长激励制度也是坪山"河小二"

的一大创新。目前，坪山在全市创新推行护河志愿服务奖励制度，可以有效激发义工巡河热情，提高护河效率。与此同时，以深圳志愿服务信息平台和区义工联微信公众号为载体，推动护河环保宣传，吸引更多义工积极参与，护河行动逐渐成为志愿服务新热点。

截至 2018 年初，坪山已初步建立区、街道、社区三级志愿服务体系，累计成立志愿服务队 146 支，注册志愿者超 3 万人，总时长超过 91 万小时。近期，坪山区共青团将实施志愿提质工程，鼓励和支持各层级各行业建立一批运作规范、具有活力的"义工服务站"，孵化公益、文化、社会治理等专业志愿者队伍，使志愿服务从基础性向专业性延伸，提高服务质量和社会影响力。"红马甲"将在坪山覆盖更大范围，也将更专业。

光明：志愿服务由点到面不断完善

在光明区各大路口指挥交通的不仅有交警，还有一群特殊的"红马甲"。他们站在各自的点位上，对行人、非机动车道路交通违法行为进行劝阻，并协助交警执法；当车多缓行时，他们协助交警疏导交通。"红马甲"上的高亮反光条和四个大字"光明义警"，表明了他们与普通公交义工的区别。

"光明义警"项目于 2014 年 7 月启动，光明街道义工联义警队、各社区义警队于每周一至周日的 8：00～9：00 和 17：00～18：00 分别安排 8～12 名志愿者在光明街道辖区交通繁忙路口开展交通疏导及文明劝导服务。在项目运行过程中，积极借助义工加强交通安全知识的宣传，做好对广大群众的宣传引导工作。

为提高义警队伍的规范性，光明区团区委、义工联不定期开展义警培训，包括理论知识、交通指挥自我保护和交通指挥手势等。

2017 年 12 月 1 日，光明新区"义警"志愿服务队正式成立，义警队员遍布区内的各交通枢纽、交通繁忙路口，志愿服务逐步走上项目化、常态化运作轨道。光明街道义警队项目荣获 2018 深圳关爱行动"百佳市民满意项目"。

光明区于 2018 年 9 月揭牌成立，前身是 2007 年设立的光明新区。新区成立的第二年，即 2008 年，光明新区义工联即宣告成立，成为新区内第一个法人志愿者组织。2014 年 3 月，新区首个区级志愿服务窗口阵地"光明新区志愿服务中心"揭牌成立。十年来，光明区组织开展多元化志愿服务活动，不断健全党员志愿者长效服务机制。光明义警队、河小二"护水骑兵"、玉律社区爱心农场……在光明区，一次次志愿服务中响当当的品牌项目已经生根发芽。

2013 年 12 月，光明新区管委会设立第一届义工服务"光明奖"，这是新区义工服务领域的最高奖项。至此，光明新区形成了"光明奖""十佳义工""优秀志愿服务组织"等多层次激励体系。

2014 年 8 月，玉律社区爱心农场开荒耕种。这个平台成为来深义工及本村义工参与社会服务和交流的载体，也成为培育社区公益氛围的土壤。农场所收获的新鲜蔬菜、农产品被送给社区的孤寡老人和困难户，富余的拿去义卖，储备的资金用于资助贫困户及贫困儿童。爱心农场义工组从开垦到除草、松土、埋种、浇水，都是自己做的，为来深义工和本村义工搭建了相互认识、共建社区的平台，为青少年开展了宣传绿色环保知识、亲子家庭田园体验等活动。

2015 年 3 月 5 日，深圳创建全市首家区属公立医院志愿服务 U 站（原光明新区人民医院，现国科大深圳医院西院区"幸福志愿服务 U 站"）服务阵地，涵盖了导医导诊、为病急病危病人开辟绿色通道等六项便民服务。U 站负责人介绍，该 U 站的义工面向全区招募，也吸引了周边区域的大量志愿者，大家积极性都很高，"直面的是最有需求的病患及家属，非常有针对性，大家很有成就感"。

2017年，光明新区玉塘玉律公园U站、光明城高铁U站、光明汽车站U站正式揭牌成立。

2018年，光明区塘家社区党群志愿服务U站、光明区行政服务大厅U站正式揭牌成立。光明小镇志愿服务U站（临时）在春节期间为参观旅客提供服务，蓝色集装箱给市民留下了深刻的印象。光明区志愿服务逐步以站点式运作服务基层。

大鹏新区：山海资源孕育特色志愿服务

大鹏半岛拥有130多公里长的海岸线、218.8平方公里的林地，山海资源得天独厚。户外运动每年给大鹏新区带来逾200万人次的游客量，为满足户外运动中发生的各种意外事故应急救援的需求，促进大鹏新区山难预防、登山户外、城市救援体系的建立，提升发展水平，2017年，大鹏新区联合市公益救援志愿者联合会组建了大鹏新区公益救援队和区级"公益救援志愿者联合会"，为新区壮大了应急救援民间力量。

大鹏新区群团工作部负责人表示，大鹏新区公益救援队作为政府部门的强有力补充力量，以户外救援为特色，保持队伍的纯公益性，建立起一支积极、主动、专业化的公益救援队伍。自救援队成立以来，先后开展了情人谷搜救行动、排牙山搜救行动、七娘山搜救行动、大亚湾救援行动等公益救援工作，累计完成了77次山地救援任务，救助群众414余人。

救援队以"队伍+阵地+项目"方式，不仅参与登山抢险、抗洪救灾、城市救援等社会公益救援，还开展了防灾、减灾、应急救援、普及安全环保知识等公益宣传活动。截止到 2019 年 4 月，先后举办了 2 次大型志愿者见面会、33 期志愿者培训、7 期户外实践活动、22 次防灾减灾宣传活动、77 次不同程度的救援行动、12 次大型活动保障服务等，各项活动共计 150 余场。在东西涌穿越路线起点、终点设立安全小站、安全环保警示牌及行前培训小教室，在旅游旺季时期开展志愿服务宣讲。

户外运动带来的事故不少，旅游开发带来的垃圾问题也不容小觑。南澳办事处团工委负责人介绍，南澳作为滨海旅游小镇，每年夏季的游客量有 300 万人次，游客越来越多，垃圾也伴随而来。例如，在被评为中国最美海岸线的西涌沙滩上，部分游客乱扔垃圾杂物，美丽南澳的自然环境也逐渐遭到破坏。南澳义工联积极整合政府、社会组织、志愿者、社区居民等资源，实施了"守护海岸线"环保公益项目，把海港 U 站作为固定环保宣传点，通过"队伍组建—合理分工—定期培训—宣传活动—实践活动"等一系列流程，定期不定点地开展急救知识、环保宣传、清洁山海等志愿服务。自项目开展以来，参与志愿者 2000 余人次，累计服务时长约 5000 小时，减少了南澳辖区海岸线的垃圾污染，在辖区范围内赢得了广大群众的一致好评，社会效果显著，与群众共同打造"美丽南澳"。

除了独有的山海资源外，大鹏新区还有拥有 600 年历史的大鹏所城。依托大鹏所城建立的爱国主义教育基地，将地方文化元素引入教育领域内。大鹏新区开展"志愿大鹏·小导游"微公益项目，建立一支 30 人的小小志愿者队伍，通过"参观景点，激发兴趣""学习知识，收集资料""选取景点，厚积薄发""实践操作，开展活动"四个步骤，将新区特有的大鹏所城历史文化知识传递给来访游客，提升游客的旅行体验，提高新区的旅游形象。自志愿者队伍于 2000 年成立至今，新区累计开展 2000 余次公益讲解服务，这些公益活动带给孩子们实实在在的爱国主义教育，也培养了孩子们的沟通协调能力，提升了孩子们的整体素养。小导游赵娟考上人民大学，萧俊瑶考上华中师范大学，洪佳妮就读广州大学……她们都是学生会的干部，乐观向上、文明礼貌、友爱宽容、团结合作、视野开阔是她们共同的标签。

截至 2019 年 4 月，大鹏新区已有注册志愿者 21355 人，建立志愿者队伍 209 支，累计服务时长 352129 小时。

大鹏新区群团工作部提出，下一步继续努力探索"志愿者之城" 3.0 建设之路，注重引导志愿服务从过去提供基本的社会服务向参与社会治理、凝聚社会共识全面转变。志愿服务不断向文明城市创建、水污染防治、道路交通安全综合整治、扫黑除恶、禁毒、预防青少年违法犯罪等领域纵深推进，在构建共建共治共享的社会治理新格局过程中凸显群团责任、体现大鹏担当、贡献志愿力量。

深圳志愿文化：城市精神、
时代特质与发展图景

魏　娜　王　哲[*]

内容提要： 志愿文化本身具有一定的共性，但是不同地域、不同时空的志愿文化具有相应的特色，带有鲜明的文明和时代的烙印。志愿文化包括意涵、规范、载体和传播四个维度，其形成受到城市精神和时代特质的深刻影响。深圳的志愿文化是城市精神的组成部分，同时也不断丰富城市精神的内涵。深圳志愿文化体现了新时代社会主义核心价值观、深化改革、国际化等核心议题。通过持续深化内涵、固化制度成果、丰富载体阵地、创新引导宣传，深圳志愿文化将构建一个新的发展图景。

关键词： 深圳　志愿文化　城市精神

社会现象要想被称为文化，应当具有一定的历史阶段，充分的

---

* 魏娜，中国人民大学公共管理学院教授、博士生导师，中国人民大学人文奥运研究中心副主任、北京志愿服务发展研究会副会长；王哲，中国人民大学公共管理学院博士研究生、北京志愿服务发展研究会监事。

物质精神积淀，较大范围的参与和影响力，可持续的、自洽的行动模式、制度规范及语言体系。志愿服务作为一个横贯东西、延宕古今的社会现象，其形成的志愿文化本身就具有一定的共性，但是不同地域、不同时空的志愿文化具有相应的特色，带有鲜明的文明和时代的烙印。在我国，志愿文化方兴未艾，从现代城市精神和时代特质角度研究文化现象，能够深入解释其内在机理。有"志愿者之城""爱心之城"之称的深圳是全国志愿服务的发源地之一，经过多年积累和不断沉淀，集中映射了我国当代改革开放环境下的城市精神和时代特质。

一　志愿文化的内涵与发展

（一）志愿文化的内涵

文化这一术语出现在公元前 6～7 世纪的希腊。1848 年，古斯塔夫·克列姆（Gustav Klemm）最早用"文化"一词指代所有由人创造出来的产品，而不是指人类心智所选择的产品："文化包括一切由人类加于自然之上的东西，没有人类它们就不会存在。"① 康德"人的文化"、摩尔根"人类学文化分析法"以及维柯对文化本质及规律的分析，奠定了马克思主义文化观的本质：以人的对象化活动为逻辑起点，以历史唯物主义为方法，将实现人类的真正解放作为终极价值追求。② 因此，广义上的文化是指人类在社会历史实践过程中所

① 齐格蒙特·鲍曼：《马克思与当代文化理论》，《学术交流》2017 年第 6 期，第 6～13 页。
② 魏晟：《马克思主义文化观的理论之源》，《人民论坛·学术前沿》2017 年第 12 期，第 92～95 页。

创造的物质财富和精神财富的总和。

此外，文化一词不仅承担着如此厚重的语境，还有一种更为具体的意涵。大卫·加特曼指出：马克思认为"文化是统一的大众文化"，韦伯认为"文化是分层的阶级文化"。① 鲍曼指出：在阶级社会，文化为上等阶级优越性辩护，是"一种精神性的表现"。② 无论如何，文化都是统治阶级思想的体现，正如马克思所提到的，"统治阶级的思想在每一时代都是占统治地位的思想"。③ 因此，狭义的文化可以总结为：在历史上一定的物质生产方式的基础上发生和发展的社会精神生活形式的总和。

志愿文化是文化的下位概念。志愿文化一般指志愿者群体长时间积淀形成的一套适合自身特点的、共同的思维方式、行为准则、责任使命、审美标准以及相应的一套物质、符号、精神载体系统。志愿文化与志愿者激励保留具有很强的内在联系。好的志愿文化能够提升个体的内在动机水平，促进个体持续参与志愿服务。

根据文化的内涵和丰富的志愿服务实践，志愿文化总体上可归纳为四个维度。一是文化意涵，包括志愿文化彰显的核心价值观、理念等内容，要有一套语言符号表示的体系。二是文化规范，包括志愿服务的立法、完善保障体制，这些要素能够增强个体的权利和义务意识，提高志愿服务运行管理水平。三是文化载体，包括志愿者服装、徽章、影视、书籍等所有周边物质产品，这些要素能够加

---

① 大卫·加特曼：《现代文化：统一的大众文化还是分层的阶级文化》，《国外理论动态》2018 年第 3 期，第 69~76 页。

② 齐格蒙特·鲍曼：《马克思与当代文化理论》，《学术交流》2017 年第 6 期，第 6~13 页。

③ 马克思：《马克思恩格斯文集》（第 1 卷），人民出版社，2009，第 550 页。

速志愿者角色认同，保存美好回忆。四是文化传播，志愿文化与社会主义核心价值观以及中华传统文化具有内在联系，通过现代传媒渠道宣传志愿人物事迹、志愿典型案例、志愿服务成就，能够形成良好的社会舆论导向和氛围。

（二）志愿文化的形成与发展

马克思指出："历史不外是各个世代的依次交替。每一代都利用以前各代遗留下来的材料、资金和生产力；由于这个缘故，每一代一方面在完全改变了的环境下继续从事所继承的活动，另一方面又通过完全改变了的活动来变更旧的环境。"① 这指出了文化发展的继承性和超越性本质，即任何文化的发展都必须利用以前各代创造的文化，任何文化都不是任意展开的，而是有其现实前提的。②

西方社会受基督教会的影响较为深远。教会慈善事业在其历史发展的进程中，形成了自己的志愿文化传统，不仅扶弱济贫，而且推动社会改革，在一定程度上形成了一种"公众权利"，成为国外社会中不可忽视的社会力量。托克维尔（Alexis de Tocqueville）在谈到美国新英格兰的乡镇精神时说："居民之爱慕乡镇，并不是因为他们生于那里，而是因为他们认为乡镇是一个自由而强大的集体。他们是乡镇的成员，而乡镇也值得他们精心管理。"③ 志愿文化在很多西方国家体现并融入社会制度的各个层面。200 多年来，这种文化一直激励着志愿者投身于社会的各个角落和生活的方方面面。

---

① 马克思：《马克思恩格斯文集》（第 1 卷），人民出版社，2009，第 540 页。
② 周琳娜、赵冰梅：《文化自信：21 世纪中国马克思主义文化理论的基点》，《江西师范大学学报》（哲学社会科学版）2017 年第 3 期，第 3～11 页。
③ 亚历克西·德·托克维尔：《论美国的民主》（上），商务印书馆，1988，第 114 页。

志愿文化在我国源远流长。早在春秋战国时期，儒家、墨家、道家就已经提出与慈善、助人有关的思想。孔子倡导"仁"的思想，孟子主张"老吾老以及人之老，幼吾幼以及人之幼。"墨家倡导"兼爱""兼以易别"，道家将"行善立德"与"得道"相联系，强调行善济世。佛教一直主张"慈悲为怀"，现在台湾的慈济会仍然是我国最活跃的志愿服务团体之一。在以"仁爱"为基础的古代志愿文化影响下，传统中国社会推崇"积善之家，必有余庆""德不孤、必有邻"。中国传统文化精髓是我们今天开展志愿服务的文化源泉。当代，雷锋精神影响了一代代人的成长，社会主义核心价值观引导我国形成了具有中华特色、时代特点的志愿文化。

同时，一些重大事件赋予了志愿文化新的内涵。原国际奥委会主席罗格在北京奥运会志愿者项目启动仪式上的致辞中指出："他们（志愿者）是奥林匹克运动的基石，是奥运会真正的形象大使。他们代表着奥林匹克精神。"罗格的评价表明，在现代社会，奥林匹克文化与志愿文化交融在一起，互相促进，推动人类朝着更高更快更强的方向迈进。

总之，志愿文化总体上受到了两个维度的影响：空间维度——城市、民族和地域文化，时间维度——时代特质。这两个维度塑造了志愿文化的现实关怀。经历了几百年的沉淀，现代意义上的"志愿文化"意味着一个个体对于他人、志愿服务组织、社会的一种责任的担当，一种坚定的与权利和义务相当的承诺，一种自觉的公民精神，志愿文化已经成为现代公民社会文化的一部分。① 近几年来，随

---

① 《让志愿文化在实践中升华》，文明网，2015 年 3 月 24 日，http：∥tj. wenming. cn/dlwmw/zyfwwhj/ythd_ zy/ythdzw_ zy/201503/t20150324_ 2521015. html，最后访问日期：2018 年 7 月 1 日。

着国际交往的日益频繁，"志愿文化"除了其本身的文化承载外，还成了一个国家、一个组织"软实力"的代表。

二 深圳志愿文化与城市精神

环境是文化的载体，也是文化的摇篮。不同的环境产生不同的文化，不同的文化又滋养着不同的环境。[①] 深圳地处岭南，客家文化、广府文化和潮汕文化成为深圳传统文化的基础。作为改革开放的窗口，以及拥有面对香港的区位优势，深圳最早形成了开放的国际视野。同时，承载了经济发展特色职能和区位优势的深圳逐渐崛起成为"移民城市"，形成了海纳百川的移民文化。这些都是深圳城市文化的厚重积淀。[②]

深圳作为全国第一个经济特区，经过多年的不懈努力，迅速从一个边陲小镇发展成为一座现代化大城市和中国的重要国际门户，综合经济实力跃居全国大中城市前列，创造了世界工业化、现代化、城市化发展史上的奇迹。在特区建立之初，深圳就形成了以改革创新为核心和灵魂的"敢闯敢试"精神。1987 年，深圳概括出"开拓、创新、献身"的特区精神；1990 年，深圳提炼出以"开拓、创新、团结、奉献"为核心的深圳精神，并在 2002 年将之扩充为"开拓创新、诚信守法、务实高效、团结奉献"，[③] 城市精神有力地促进

---

① 《论文化》，《前线》2018 年第 4 期，第 53 页。

② 杨华：《新时期深圳精神之思想探源》，《中共天津市委党校学报》2013 年第 4 期，第 92～96 页。

③ 《改革创新，深圳精神的根与魂》，载金民卿、陈绍华、吕延涛《中国共产党精神的时代解读》，社会科学文献出版社，2016，第 244～259 页。

了城市发展。

　　志愿文化本身就是深圳精神的重要组成部分。越是工业化发达的国家和地区，人们对于复归人的总体性的渴望也就越大，这些地方往往也就越早出现志愿服务，发展也越充分。① 可以看到，"献身""奉献"贯穿了深圳精神的始终，这是因为深圳的区位特点和资源禀赋创造了志愿服务发展的客观环境。在经济方面，深圳市场化程度较高，人均 GDP 居全国前列，具备广泛开展志愿服务的经济基础；在地缘方面，受香港发达的志愿文化和志愿服务实践的影响较早、较深；在社群方面，外来人口超过七成，是典型的"移民社会"和"陌生人社会"，外来人口远离家乡、无依无靠，而全市人均年龄仅为 32 岁，表明城市中存在庞大的青年群体，他们渴望得到帮助，亟须构建社会支持网络，这些为志愿服务奠定了坚实的基础。

　　正是基于这些特点，深圳的志愿服务才能开全国风气之先河。深圳共青团于 1989 年 9 月 20 日组织了 19 名热心人士组成义工队伍，开通"关心，从聆听开始"青少年服务热线电话，为遇到困难的来深创业者提供帮助。经过 30 年的发展，如今深圳"送人玫瑰，手有余香"的志愿服务理念已入选"深圳城市十大观念"，积极营造"来了就是深圳人，来了就做志愿者"的氛围。注册志愿者年龄"门槛"放宽到 10 周岁以上，李云迪、易建联等明星担任志愿者形象大使，志愿服务成为青少年的一种时尚。深圳青少年志愿者达32.3 万人，问卷调查显示，30.5% 的青年参与过志愿服务，72.6%的大学生、57.8% 的青年白领、47.4% 的青工强烈表达了参与志愿

---

　　① 魏娜、刘子洋：《论志愿服务的本质》，《中国人民大学学报》2017 年第 6 期，第 79~88 页。

服务的意愿。这表明，深圳精神构筑了深圳志愿文化的内核，志愿文化已经成为深圳精神的重要组成部分。

志愿文化不断丰富深圳精神的内涵。文化具有潜移默化的渗透作用，志愿文化也在不断丰富充实深圳精神的内涵。一是提出建设"志愿之城"的目标。志愿服务以 2011 年深圳世界大学生运动会为契机，在全国第一个系统化提出建设"志愿者之城"，建成"法制保障、政策指引、党政领导、全市联动"的工作体系，成为城市建设的生力军。历经五年，深圳"志愿者之城"建设阶段性目标已经完成。二是在文化载体上，积极吸收国际经验，推出实名制"红马甲"、电子志愿者证，借鉴转化大运会城市"U 站"的成功经验，在全市范围内大力推广志愿服务"U 站"等深圳独特的志愿者标识。三是在文化传播上，设计并推广使用"深圳义工"标识（见图1）；形成了全国领先的宣传工作和视觉传达体系，创造了以"志""愿"分别命名的吉祥物"深志志""深愿愿"，并聘请爱心人士担任志愿者形象大使；积极推广志愿服务歌曲，如义工联之歌《与爱同行》、龙岗区的《我们是中国梦想》《梦就是方向》、盐田区的《盐田志愿者之歌》等，推出了《我的爸爸是志愿者》《我是谁》等一批志愿公益影视作品，成为脍炙人口的城市文化品牌。2016 年，深圳义工

图1　深圳义工标识

被评为"深圳十大文化名片"之一。

深圳的志愿文化深深扎根于与深圳精神之中，深圳精神也在志愿文化的不断实践中得到丰富发展，这是改革开放前沿城市的文化现象，也是经济社会发展的规律。

三　深圳志愿文化与时代特质

时代塑造文化的灵魂。深圳之所以能够形成独特的志愿文化，与其当前所处的时代密切相关。处于中国改革开放最前沿的深圳，集中体现了"两个一百年"奋斗目标和中华民族伟大复兴"中国梦"的时代使命。

深圳志愿文化彰显核心价值。志愿文化是社会主义核心价值观的重要组成部分，是中国特色社会主义文化的一种表现形式，是中国共产党"为人民服务"宗旨的生动体现。雷锋精神一直影响到今天，雷锋也成为最具代表性的中国志愿者的形象，"学习雷锋"成为有中国特色的志愿文化。"邻里守望""关爱他人、关爱社会、关爱自然"等口号体现了集体主义精神、奉献精神和社会进步的精神，成为具有中国特色的文化现象。

因此，历届党和国家领导人都重视志愿文化，弘扬志愿文化。党的十八大以来，党中央对志愿服务组织发展和志愿者队伍建设做出一系列决策部署。习近平总书记多次给青年志愿者群体回信、寄语，对志愿者服务提出殷切希望，强调要弘扬奉献、友爱、互助、进步的志愿精神，用爱心温暖需要帮助的人，努力践行社会主义核心价值观，积极向上向善，为实现"中国梦"有一分热发一分光。

　　深圳的志愿文化集中体现了我国的文化自信。习近平总书记曾经指出："一个国家综合实力最核心的还是文化软实力，这事关精气神的凝聚，我们要坚定理论自信、道路自信、制度自信，最根本的还要加一个文化自信。"① 党的十八大、十九大报告均指出："文化既是民族的血脉，也是人民的精神家园。"深圳的志愿文化将传统文化与社会主义核心价值观相结合，将尊重个性与集体主义相结合，将中华文化与国际文化相结合，开创了我国经济发达地区精神文明与物质文明协调发展的新模式。深圳的志愿服务已经深深根植于城市，成为深圳的文化软实力，让这座城市更有温度。②

　　志愿服务制度化促进基层治理变革，消弭社会矛盾。党的十九大指出，"两个一百年"的伟大奋斗目标通过"两个阶段"来实现，到 21 世纪中叶把我国建成富强、民主、文明、和谐的社会主义现代化强国。这两个阶段将跨越一段前所未有的大转型时期，社会将经历前所未有的深刻变革，新的矛盾和问题将不断涌现，基层治理将面临新的挑战。

　　志愿服务促进公共服务。志愿服务本质上是一种社会劳动，是对异化劳动的积极扬弃。③ 志愿服务能够提供政府服务、市场服务之外的有益补充。深圳志愿者积极参与民生实事，依托社区服务中心建设社区 U 站，开发环境保护、平安守望、扶贫助弱、教育培训、文化惠民等 7 类常规项目，以及法律咨询、医疗护理、居商指引、

---

① 周琳娜、赵冰梅：《文化自信：21 世纪中国马克思主义文化理论的基点》，《江西师范大学学报》（哲学社会科学版）2017 年第 3 期，第 3~11 页。

② 《深圳志愿之城初长成》，人民网，2015 年 12 月 1 日，http：//sz. people. com. cn/GB/203418/374118/index. html，最后访问日期：2018 年 7 月 1 日。

③ 魏娜、刘子洋：《论志愿服务的本质》，《中国人民大学学报》2017 年第 6 期，第 79~88 页。

社交婚恋、维权帮教等 20 类特色项目。

志愿服务促进社会动员。1990 年注册成立的深圳市义工联合会是中国内地第一个义工法人社团，在深圳具有极强的社会动员能力。义工联积极推动志愿者注册，目前注册志愿者占常住人口的比例达到 13.1%，成为新时代的社会动员平台。志愿服务还有效整合了社会资源，如 2012 年底成立的深圳市志愿服务基金会，七年来共募得社会捐赠资金 6000 余万元，扶持全市义工项目 500 余个；自 2015 年起，志基会通过互联网筹款 2620 万元，捐款人次达 41 万人，支持了 300 个项目，进一步为义工组织、社会组织、城市 U 站等提供了有效的服务。

志愿服务消弭社会冲突。志愿服务的社会整合功能能够协调社会中各个相互分离但又有关联的因素、部分，使其达到和谐状态。志愿服务成为社会的"减压阀"。① 深圳设立"公务员志愿者行动日""深圳义工节"等主题日，积极推动志愿服务活动，让不同阶层、身份的人们通过志愿服务走到一起，共同促进城市发展和个人发展。2005 年 7 月 1 日，中国内地第一部规范义工工作的地方性法律《深圳市义工服务条例》出台，从法理上进一步明确义工服务概念，规范义工工作，让志愿服务得到法律保障，让志愿文化深入人心，"有困难找义工，有时间做义工"已成为一句响亮的口号。

志愿服务国际化呼应全面改革开放。国际化是深圳志愿文化的一个典型特色。当前，深圳参与国际志愿服务的志愿者达 4.32 万人，其中外籍志愿者约 2000 人。深圳建立起外籍人士融入、便民咨

---

① 廖恳：《论志愿服务的社会功能及其形成》，《中国青年研究》2012 年第 3 期，第 38 ~ 42 页。

询、外语教学、文化传播、国际赛会展会、"走出去"等 6 类国际志愿服务项目库，志愿服务纳入 8 个国际化典型社区建设内容。成功举办"深港青年风尚节"，并且与联合国志愿人员组织、国际志愿者协会等开展优秀青年志愿者培训、设立社区"观察点"等项目合作，积极向海内外推广深圳志愿文化。比较有特色的是，深圳依托市青年广场，建成"义工天地"，集合了志愿服务历史展示、项目研发、文化推广、研究培训、国际交流等功能。深圳加强与港澳地区、国际友城、国际组织的志愿服务工作交流与合作，举办"青年志愿者海外服务计划""两岸四地志愿文化节"等活动，将自身打造成为志愿服务国际交流的"窗口"。

四　深圳志愿文化的发展图景

在一定意义上，志愿者是这个时代文化变革的先锋力量，通过切身的行动推动人类价值观向总体性方向演进。[①] 深圳志愿文化是一个独特的社会现象，充分体现了现代化的社会发展特点，可以总结为以下几个方面：以城市精神为核心的基本价值体系，以"志愿之城"建设为载体的规则制度体系，以青春时尚为特征的文化传播体系，以及以大规模的义工实践为途径的社会行动体系。在社会现代化过程中，志愿服务的发展不仅对人文精神要素的丰富具有积极作用，而且人文精神的倡扬对志愿服务的兴旺也有推动作用。[②] 因此，

---

① 魏娜、刘子洋：《总体性视角下志愿服务的组织策略转向：从管理到合作》，《公共管理与政策评论》2018 年第 2 期，第 3 ~ 13 页。
② 谭建光：《社会转型时期的志愿服务与人文精神》，《社会科学》2000 年第 5 期，第 43 ~ 47 页。

志愿文化需要着力深化、创新和推广。

一是持续深化内涵。要加强志愿文化建设，深入挖掘志愿文化与社会主义核心价值观以及中华传统文化之间的内在联系，深入研究深圳精神与志愿文化塑造，深入研究深圳志愿服务史和深圳志愿服务模式，凝聚深圳志愿文化核心理念、核心表述与关键词，从而提升志愿文化品质。要充分发挥深圳作为全面对外开放前沿和窗口的独特优势，提升志愿服务国际化水平，加强与"一带一路"国家在志愿服务领域的交流与合作，建立与国际接轨的志愿服务体系，打造国际志愿者交流城市。

二是固化制度成果。全面推动志愿服务工作朝着"打造'志愿者之城'的3.0升级版"继续前行。同时，进一步强化志愿服务嘉许、社会认可等制度。德国联邦志愿服务计划、法国国民志愿役、英国大学生"体验式学习"学分制等为我们提供了有益参考。深圳的志愿服务立法、志愿者注册计时嘉许等制度已经走在全国前列，可以带头落实《关于支持和发展志愿服务组织的意见》精神，进一步完善志愿服务的立法、保障体制，增强全社会对志愿者在成长发展中的尊敬与认可，进一步提高志愿服务的运行管理水平。

三是丰富载体阵地。深圳志愿文化载体非常丰富且极具创意，能够加快志愿者角色认同，保存美好回忆。可以在继续完善推广U站的基础上，开展"志愿者博物馆""志愿者公园"建设，将深圳打造成为志愿者活动培训阵地、青少年教育基地以及市民精神园地，同时向国内外展示深圳城市文明建设和志愿服务事业改革发展的成果。坚持志愿精神从娃娃抓起，积极推动志愿服务读本进课堂、进书本，进一步壮大高校志愿服务队伍，积极引导中小学生参加志愿服务，通过"小手拉大手"的方式，推动全民开展志愿服务。

四是创新引导宣传。文化产业是深圳四大支柱产业之一，要借助现代传媒渠道全方位宣传志愿人物事迹、志愿典型案例、志愿服务成就，使得志愿服务深入人心，助力城市精神文明建设。加强志愿服务的公益宣传，充分研究新媒体的传播规律，继续创作一批体现志愿服务主题和时代特色的文化艺术作品，在公共传播渠道增加反映志愿服务的公益广告和文艺作品的数量，让"志愿服务成为精神时尚"。

结　语

如果说深圳的创新精神和发展成就引导了全国改革开放 40 多年来的实践，那么深圳的志愿文化也走在我国志愿服务发展的前沿。深圳志愿文化展示了一个城市在向现代化、市场化、多元化和国际化发展的过程中，人们是如何重新认识自身、认识彼此以及如何让城市更美好的。深圳的志愿文化是独特的，但也是具有普遍意义的，将随着新时代的延伸而发展、演进，对我国后工业化时代社会进步起到示范作用。

参考文献

齐格蒙特·鲍曼：《马克思与当代文化理论》，《学术交流》2017 年第 6 期，第 6~13 页。

魏晟：《马克思主义文化观的理论之源》，《人民论坛·学术前沿》2017 年第 12 期，第 92~95 页。

大卫·加特曼：《现代文化：统一的大众文化还是分层的阶级文化》，《国外理论动态》2018 年第 3 期，第 69～76 页。

马克思：《马克思恩格斯文集》（第 1 卷），人民出版社，2009，第 550 页。

马克思：《马克思恩格斯文集》（第 1 卷），人民出版社，2009，第 540 页。

周琳娜、赵冰梅：《文化自信：21 世纪中国马克思主义文化理论的基点》，《江西师范大学学报》（哲学社会科学版）2017 年第 3 期，第 3～11 页。

亚历克西·德·托克维尔：《论美国的民主》（上），商务印书馆，1988，第 114 页。

《让志愿文化在实践中升华》，文明网，2015 年 3 月 24 日，http://tj. wen-ming. cn/dlwmw/zyfwwhj/ythd＿zy/ythdzw＿zy/201503/t20150324＿2521015. html，最后访问日期：2018 年 7 月 1 日。

《论文化》，《前线》2018 年第 4 期，第 53 页。

杨华：《新时期深圳精神之思想探源》，《中共天津市委党校学报》2013 年第 4 期，第 92～96 页。

《改革创新，深圳精神的根与魂》，载金民卿、陈绍华、吕延涛《中国共产党精神的时代解读》，社会科学文献出版社，2016，第 244～259 页。

魏娜、刘子洋：《论志愿服务的本质》，《中国人民大学学报》2017 年第 6 期，第 79～88 页。

《深圳志愿之城初长成》，人民网，2015 年 12 月 1 日，http://sz. people. com. cn/GB/203418/374118/index. html，最后访问日期：2018 年 7 月 1 日。

廖恳：《论志愿服务的社会功能及其形成》，《中国青年研究》2012 年第 3 期，第 38～42 页。

魏娜、刘子洋：《总体性视角下志愿服务的组织策略转向：从管理到合作》，《公共管理与政策评论》2018 年第 2 期，第 3～13 页。

谭建光：《社会转型时期的志愿服务与人文精神》，《社会科学》2000 年第 5 期，第 43～47 页。

深圳社区志愿服务的兴起与发展

周林刚　　张承蒙*

摘　要：社区是最贴近人民群众真实生活的服务场所，也是志愿服务最关键的阵地和"志愿者之城"建设的重点。蓬勃发展的社区志愿服务是深圳特区志愿服务中一道亮丽的风景线。在志愿服务的统筹管理中，深圳特区已探索出一套如何利用社会资源、调动社会力量来弥补社会保障制度空缺、为社区居民提供基本生活服务的社区志愿服务运行机制，并且已成为社会治理的有力补充，持续散发着促进社会和谐、引领社会风尚的正能量。

关键词：深圳　社区　志愿服务　社会治理

引　言

改革开放以来，在经济快速发展的同时，当代中国也在经历着深刻、复杂而全面的社会变革。我国志愿者组织作为社会多元发展

---

* 周林刚，深圳大学残障与公益研究院院长、教授；张承蒙，深圳大学残障与公益研究院助理研究员。

的独特力量，呈现蓬勃发展的态势，志愿服务规模不断扩大，服务水平不断提高，服务内容和领域不断深化拓展。从 20 世纪 80 年代开始，社区志愿者便从广义的志愿者群体中进一步分化出来，志愿者组织深入社区，广泛开展社区服务，对社区建设与发展起了重要作用。① 在社区志愿服务发展的过程中，社区志愿者持续关心社区和居民生活的需求变化和生活状态，探寻社区公共问题，并通过志愿服务活动，帮助社区居民及时解决问题。社区志愿服务迅速发展，逐渐成为社区公共服务的重要力量，越来越受到政府部门、社会各界人士以及普通民众的重视。志愿服务可以积极调动社区内外的各种资源，有效地弥补政府职能和市场功能的不足。经过几十年的发展，中国的社区志愿服务立足本国国情和地区特色，取得了一系列成就。社区志愿服务的意识和精神得到了广泛传播，志愿服务理念的广泛传播极大地促进了志愿服务的环境建设，社区居民对志愿服务的认识和支持也不断深入，促进了社区建设和内涵的发展。

一　社区志愿服务的理论缘起

一般认为，志愿服务是志愿者为了增进社会福祉的一种活动，社区志愿服务强调的是一种自愿的、利他的、没有直接物质报酬且在社区展开的无差别服务的组织化活动。志愿服务能够使志愿者把自己的时间、知识、能力等资源贡献出来，用来改善服务对象。同

---

① 孟宪琛、郑慧钦：《中国志愿者组织社区发展模式构建》，《学理论》2009 年第 18 期，第 85 页。

时，志愿服务通过志愿理念、志愿宣传、志愿活动等被人们所认识，从而引导社会大众一起关注志愿事业，促进社会发展。[1]

社区志愿服务的内涵决定了行动主体是具有志愿服务精神，奉献个人的时间、劳力、精力、技能的社区居民，目的则是帮助其他社区居民解决困难，提供社区公共服务，促进社区和社会发展。从公民参与的角度来说，它指的是社区居民根据社区需求，承担社会责任，做出实际贡献。社区志愿服务具有双重功能，一是对社区资源进行整合，加强成员生活保障；二是促进社区成员的自我成长与自我完善，通过社会功能的发挥来提升个人能力。社区志愿服务体现了公民的参与性和他们的社会责任感，其概念是由其行动支配主体衍生出来的，社区志愿服务与其他的志愿服务并无本质区别，唯一的区别就是它的服务主体具有特殊性，以"社区"为志愿服务发生的特定场域，社区居民既是服务的参与者，又是服务的主要对象。[2]

（一）社区志愿服务概念的提出

19 世纪，托克维尔（1840）赞扬了在"美国民主"中的"社区志愿服务"这一新事物，他指出，"民主的进步需要相当的社会条件，民主制度必不可少的社会条件是一个充满活力的，多元化的，具有自主性独立于国家的市民社会，而社区志愿服务这种形式是进行公民教育从而形成市民社会的最佳方式"。[3]

---

[1] 高和荣：《论社区志愿组织与志愿服务的完善——以福建三个社区为例》，《福建论坛》（人文社会科学版）2011 年第 4 期，第 151 页。

[2] 雷夏雯：《重庆市社区志愿服务的发展现状、问题及对策研究》，硕士学位论文，重庆大学，2015，第 9 页。

[3] 托克维尔著《论美国的民主》，商务印书馆，1988，第 53 页。

　　无论在何种文化模式下，社区志愿服务都具有丰富社区生活、增强社区情感体验的功能，并在社会治理过程中发挥着越来越重要的作用。费尔南多和赫斯顿认为，"社区志愿服务具有催化剂的作用，它能够创造对话环境，居民通过它表达心声，关注各种国内外社会问题，个人通过社区这个中介与外界社会联系起来；并在一定程度上动员起与国家合作的支持力量"。[①] 帕特南详细研究了美国社会中公民的非正式社会联系、利他主义、志愿精神之间的互动联系，他认为志愿服务组织是公民合作的关键机制，志愿服务是社会资本的开端。志愿组织使人们在志愿网络的互动中产生情感联结，并为培育新人提供行动框架，从而建立一个联系密切的一体化社区，这是社会资本产生的关键因素。[②] 皮特指出社区志愿服务是福利国家机构的基石，社区志愿服务在社会治理中处于重要的战略地位，它不仅能向社会提供与政府相比更具有回应性和创新性、更有效率的服务，甚至能够改变政府的决策，促使社会政策的变革。[③]

（二）传统发达国家社区志愿服务的发展过程

　　在社区志愿服务的发展方面，传统发达国家的社区志愿服务已经形成了一定的规模和机制，并在实践基础上有着不同的特色。在制度建设方面，发达国家已在社区文化、教育、就业、法律援助、医疗和环保等领域都建立了相关制度，在激励居民参与、立足社区

---

① J. L. 费尔南多，A. W. 赫斯顿：《国家、市场和公民社会之间的非政府组织》；何增科：《公民社会与第三部门》，社会科学文献出版社，2000，第 270～285 页。

② 罗伯特·D. 帕特南著《使民主运转起来》，王列、赖海榕译，江西人民出版社，2001，第 195 页。

③ Peter Graefe, "Personal Services in the Post-industria economy: Adding Nonprofits to the Welfare Mix ," *Socialpolicy&Administration* 5 (2004): 457.

开发资源网络、丰富政府与社区的多维联系、关注社区弱势群体需求并改善其生活和实现社区的稳定与协调等方面起到了重要作用，促使整个社会系统和谐运行，为我国的社区志愿服务制度建设提供了重要借鉴。深圳社区志愿服务的特色发展之路是在参考各国社区志愿服务发展经验的基础上逐渐探索出来的。

自 20 世纪 90 年代以来，国民健康保险制度的出台和社区关爱行动的出现对英国的志愿部门产生了非常大的影响。自那时起，出现了"政府掏钱，民间办事"的新行动模式，即政府购买服务模式。公共服务是各级政府的责任，选择适当的社区志愿者组织，通过项目合同的形式实施政府项目，社区志愿者组织的民间性使他们更接近服务对象，在减少政府投入的同时，提供更加多样化的服务，更好地满足服务对象的需求。这种模式在英国志愿部门的实践中不断被接受和推广，并取得了显著成效。①

美国志愿者组织非常注重以项目管理为手段展开志愿服务，以项目的形式开展服务成为一种普遍的服务方式，这些志愿服务项目涵盖了社会的各个领域，美国社区志愿服务项目成为志愿者组织的日常活动的重要内容。在日本，企业的员工志愿者是志愿者服务的主体，企业开展的社区志愿者活动丰富多彩。在采用各种形式的同时，还制定了一系列社区志愿服务奖励制度，如企业职工志愿者的表彰制度、带薪休假制度、研修制度、促进职工社区贡献活动制度和支援退休职工开展志愿活动制度。不仅为公司赢得了良好的声誉，也加强了企业与社区之间的联系，为企业奠定了良好的社会基础。

---

① 陆波：《论英国志愿服务模式对广州志愿活动转型的启示》，硕士学位论文，兰州大学，2008，第 20~22 页。

随着社会的多元化发展，西方国家对志愿服务的重视程度越来越高，一些国家如丹麦、法国等，则将志愿服务作为公民的一项基本义务，甚至把参加志愿服务与服兵役放在同等重要的位置。

二　深圳社区志愿服务的兴起与发展

人口尤其是劳动人口的数量，对于经济的发展有着显著影响。深圳作为国家区域中心城市和全国经济中心城市，吸引了大量外来务工人员，俨然成为新兴移民城市。2017 年深圳常住人口 1252.83 万人，较 2016 年增长 61.99 万人，增量较 2016 年多出 9.02 万人，其中常住非户籍人口达 818.11 万人。① 作为一座典型的以外来人口为主的移民城市，参与志愿服务已经成为"新深圳人"在工作之余的日常生活方式，志愿精神融入深圳人的血液中，成为这座城市最具特色的城市精神和城市气质。

深圳的志愿服务自发端之时，就一直沿着专业化、社区化的方向发展。社区成为志愿服务的主要发生场所。随着社区志愿服务发展的不断深入，为更好地引导社区志愿服务有序参与和提高服务效率，在政府部门协调下形成了市、区、街道和社区四级义工组织网络，在地理空间格局上完成了城市的全覆盖，在运作和管理上也日趋完善。通过市、区、街道义工联和社区义工站的志愿服务体系，义工服务活动延伸到了社区这一最基层单元，在发掘社区资源变得便利的同时，也解决了社区居民最直接的需求和难题，赢得了社会

---

① 《深圳市 2017 年国民经济和社会发展统计公报》，http：//www.sz.gov.cn/cn/xxgk/zfxxgj/tjsj/tjgb/201804/t20180416_ 11765330.htm。

的广泛认同与支持。

志愿服务正在成为深圳社区治理过程中的一股和谐力量，社区志愿服务的行动参与主体是社区居民，主要服务对象也是社区居民，服务的内容不仅包括与居民日常生活息息相关的事务，包括公益服务、医疗救助与宣传、法律援助等基本志愿服务内容，还融合了邻里互助、治安维护、文明创建、法律援助、环境保洁等社会治理环节。志愿者尤其在协助社区化解矛盾纠纷方面起着突出作用，基于社区的志愿服务活动成了编织和谐爱心网的主要元素。

随着深圳这座城市的不断发展，社区居民的构成出现新的变化，社区类型也出现不同的侧重，为了适应社会形态转变带来的对志愿服务的新需求，团市委、市义工联不断完善"社工 + 义工"机制建设，搭建多种服务平台，形成以制度化、项目化、信息化为核心的社区志愿服务运作模式，指导全市社区规范开展志愿服务工作，在新时期取得了较好效果。2014 年 4 月，深圳市民政系统开始与市义工联进行合作，依托全市范围内的社区服务中心运营平台，以义工联"志愿服务信息化工作平台"系统为支撑，采取"双工联动"的模式以推动志愿工作。在市义工联等部门组织下，已形成了一支稳定、活跃、多元、积极的义工队伍，包括公务员、教师、外来青年工人、大学生、退休老人等各界人士。截至 2018 年 3 月，志愿者系统平台已经发展志愿者组织 291 家，志愿者组织以平均每星期发展 1 家的速度在增加，目前在机构和社区范围内注册的志愿者总人数为 6.5 万多人。全市志愿者总人数达到 175 万人，占常住人口比例超过 13%，位居全国前列。[①]

---

① 深圳义工网，http：//www. sva. org. cn/default. aspx？_c = Group&GroupID = 1842。

三　深圳社区志愿服务的现状及特点

经过广泛参与和长期实践，深圳社区志愿服务已在制度体系、参与主体、社工联动、党建引领方面形成了独到之处，并构成了深圳"志愿之城"建设的重要内容，起到了先行示范作用。

（一）社区志愿服务的管理制度体系日趋规范

社区志愿服务体系是一项复杂的社会系统工程，必须以立体的、完善的、多维的、有体系的措施为依托。社区志愿服务体系需要依靠完善的法律体系、组织体系，规范的服务范围、服务质量，先进的管理理念、激励机制等来指导和服务志愿活动。健全的法律体系是保证志愿服务健康、有序进行的重要工具，深圳市在社区志愿服务的发展实践中，立足自身社区发展特色，已探索出一套日趋规范的制度体系，为社区志愿服务的行动主体提供法律保障、组织引导、服务管理、考核激励等支持性内容，保障社区志愿服务的有序开展。

在制度保障层面，深圳市委、市政府出台《关于建设"志愿者之城"的意见》，在全国率先提出建设"志愿者之城"的目标，确立了"志愿者之城"建设工作的重要性，并专门成立由市主要领导牵头的"志愿者之城"建设工作领导小组，从制度建设、行政主导的层面强调了社区志愿服务建设的重要性；在社区志愿服务的组织建设层面，团市委、义工联则在规范化管理制度基础上，出台《关于推动志愿服务社区化的意见》，将社区志愿服务纳入社会建设、社区建设的工作范畴和发展规划中，更将社区志愿服务站的分阶段建设作为重点工作推进；在服务管理层面，团市委、义工联于 2017 年编制了《社区志愿服务记录工作指引》《社区志愿者关系转接工作指引》《社区志愿服务项目台帐导出操作指引》《社区兑换服务工作指引》，通过自主开发的"志愿深圳"网络志愿服务管理平台，实现社区志愿服务的智能化、网络化管理，极大地提升了社区志愿服务的管理效率和服务成效。

　　社区作为志愿服务的发生场域，也酝酿着志愿服务的新动能。在实践中，各社区居委会、义工站纷纷发挥基层首创精神，依据辖区（社区）特色，结合居民需求，运用不同的管理办法和激励举措，进行社区志愿服务的规范管理。被评为"广东省最美志愿者服务社区"的新安街道海裕社区有良好的表彰机制，海裕社区利用每年的3月5日"深圳义工节"、12月5日"国际志愿者日"以及各种大型晚会，对社区表现突出的志愿者进行表彰，让他们的奉献精神得到传承。新安街道上合社区结合社区义工站发展实际情况，建立较为完善的义工激励机制，除了市、区、街道等各级主管部门统一开展的评优表彰外，社区每年组织两次优秀义工表彰大会，定期开展骨干义工专业培训、义工经验交流座谈会、义工季度生日会、义工季度团建活动，以及利用报社、电视台等媒体资源对优秀义工和义工服务突出事迹进行专题报道、宣传和推广，通过媒体宣传、舆论引导，使得义工的集体荣誉感和责任感不断得到增强。①

　　（二）社区志愿服务参与的主体日益多元化

　　近年来，深圳市社区志愿服务发展迅速，不断走向多元化的参与主体都在积极参与不同形式的社区志愿服务，为社区发展贡献活

---

①　《新安街道义工联 2017 年年鉴》，该年鉴系义工联编制，未公开发行。

跃力量与资源。以新安街道义工联为例，目前在册登记义工近 5 万人，有 22 个社区义工站，53 家企事业单位义工队。[①] 通过分析总结，结合对深圳市社区志愿服务特色的概括，社区志愿服务的参与主体可分为以下几个类型。

1. 自发的社区志愿服务组织

社区志愿者组织建设的成功是志愿服务事业在社区得以生根发芽的环境依托。为促进志愿者组织的发展，深圳市坚持双管齐下，即培育发展与管理监督并重，鼓励和扶持发展扎根社区、服务居民的公益性社会组织，从宏观上进行引导和规范，并为加强对公益性社会组织的引导和规范管理采取一系列措施，进而促进志愿服务组织的健康良性发展。完善登记管理制度，降低准入门槛，简化登记手续和流程，建立健全志愿服务社团的负责人管理制度、资金管理制度等，进一步明确社团的检查、信息公开制度，出台社团的流动机制等管理监督机制；调动主管部门自身优势，将志愿服务组织的志愿精神与主管单位的专业力量相结合，如利用环保单位在环境保护方面的优势、医疗卫生单位在医疗救助方面的优势、公检法等部门在法律援助等方面的优势来服务社区居民。有较多时间和精力的社区活跃居民结合成社区志愿者服务队伍，并不断发光发热，成为深圳经济特区的特色现象。其中，热心社区事务的社区居民、有较多时间和精力的活跃分子，或参与志愿者组织，或自发结成志愿服务队伍，扎根社区开展互助服务，成为深圳经济特区的特色现象。"草根"[②] 社区志愿者组织则注重实现自由发展，在满足社区居民多

---

① 《新安街道义工联 2017 年年鉴》。

② 此处的"草根"社区志愿者组织指未以"社会团体"等身份在民政部门注册，也不受各级义工联和社区党群中心的管控，由社区居民自发成立，服务本社区居民的团体。

元需求的同时，也为社区治理带来了新的活力。

2. 以社区 U 站为中心的志愿者群体

社区 U 站是深圳社区志愿服务体系的最小活动单元，发挥着吸引居民参与、规范志愿服务管理、协调志愿服务有序开展的重要作用，深圳现在有 230 个社区志愿服务 U 站，其作为城市文明建设的志愿服务前沿阵地，逐步吸引社区居民、外来务工人员等加入社区志愿者群体。统计数据显示，80% 以上的社区 U 站已经形成本社区的志愿者队伍。2017 年，全市依托社区 U 站开展社区志愿服务项目 3.4 万个，参与人数达到 22 万人。超过 50% 的社区 U 站与专业志愿者队伍结对，定期开展专业志愿服务；超过 20% 的社区 U 站开展了志愿者组织的孵化工作，形成阵地带动队伍建设，队伍带动项目进驻，项目带动阵地发展的良性循环。

在社区 U 站的建设中，宝安区充分发挥了外来青年劳务工多的区域优势，为加快建设"志愿者之区"，自 2012 年起就在全区设立了 125 个便于居民参与志愿服务的社区义工站。随着宝安区经济社会的快速转型，为适应社会结构和社会管理不断细分的形势需要，宝安区团委、区义工联自 2015 年起开始更加重视社区义工站的作用，在社区展开大量居民需求调研，设计丰富的志愿服务项目，依托社区义工站招募义工，大力推动社区志愿服务和社区治理走向实处。其中，宝安区新安街道上合社区义工站结合义工注册表的信息，根据义工的特长和兴趣进行分类，成立了多支专项义工服务队，如社区义工巡逻队、社区健康服务义工队、共享单车义工队、图书管理义工队、妇女义工队等，将义工感兴趣的服务与居民需求相结合，调动义工参与服务的积极性和主动性。社区义工站还会根据社区企事业单位、社区居民等的需求，不断调整服务新模式，如上合社区健康服务中心周末打疫苗的患者多，医务人员有限，需要外界的协助，上合社区义工站便积极与之联系，建立了社康中心帮扶义工队，每个周末定期招募义工为社康中心提供秩序维持、导诊等服务。①

3. 企事业单位志愿服务独具特色

为适应企事业单位社会责任发展的需要，一些大型在深企业或事业单位都已有建立自己独立的员工志愿组织的意识，如外资企业微软、中资企业万科地产等，他们都有自己独立的志愿者队伍，将企业员工的志愿参与程度作为考核指标纳入员工绩效考核中，对于履行企业社会责任和传播良好的企业形象起到了重要作用。同时，企业志愿者队伍经常与义工站、青年志愿者组织等志愿组织共同开展社区志愿服务活动，在提供专业技术支持的同时也扩展了社区的资源网络，在服务周边社区方面发挥着独特作用。

（三）社区社工与义工高效联动，互为补充

社会工作"助人自助"的理念与志愿服务的精神内涵一脉相承，二者都是社区治理的有力补充。社区工作作为社会工作在社区层面的实践体系，通过在开展过程中运用地区发展、社区照顾等专业知识技能，以及社区资源，发动社区参与，解决社区共同问题。社区志愿服务的目标与社区工作的目标是一致的，即提高居民的广泛参与性和培养居民的社会责任感。因此，将社会工作的专业方法和技能通过"社工带志愿者"的模式运用到社区志愿服务的过程中，既能够扩大社区工作的服务范围，提高社区工作的影响力，又能够促

---

① 《新安街道义工联 2017 年年鉴》等相关材料。

进社区志愿服务专业化程度的提高，达到互为补充的效果。①

以深圳市宝安区为例，宝安区在探索"青工、义工、社工三工联动"的社区服务模式中取得了实践层面的突破和创新，通过不断完善"社工＋义工"联动机制，加强社区社工和社区志愿者之间的互动共进，社区党群服务中心均配备了专门负责志愿服务统筹协调工作的社工人员。在党群服务中心的协调下，通过构建社区义工站、城市 U 站、健康 U 站以及其他常规服务点相结合的志愿服务网络，就近开展志愿服务，建成"社工＋义工 10 分钟服务圈"，可为社区居民提供便捷、及时、高效的志愿服务。新安街道上合社区结合社区义工站发展实情，形成了"社工引领义工服务，义工协助社工服务"的运作机制，每名社工固定联系不少于 20 名志愿者，将志愿者管理协调作为社工日常工作的部分内容，整合社工、义工两种服务资源，实现协同式发展。在"社工＋义工"联动机制运作过程中，人文关怀、服务理念在社区场域中进一步发散传播，社区居民服务参与积极性也被调动起来，有效促进了社区和谐发展。社工人员在服务的专业性方面能够弥补义工的不足，起到专业引导、有序参与的作用，新安街道海富社区充分发挥社工的专业服务技能，按照"党员＋团干＋社工＋志愿者"机制，依托禁毒阳光志愿服务 U 站，组建一支基层禁毒工作队伍，通过发挥禁毒社工专业所长，吸引志愿者广泛参与，以宣传、入户、帮教"三位一体"的服务模式，对社区内的学校、居民开展禁毒教育和宣传等服务活动。在社工的专业支持下，节约社区资源，推动志愿服务效率的提升，对于社区志

① 雷夏雯：《重庆市社区志愿服务的发展现状、问题及对策研究》，硕士学位论文，重庆大学，2015，第 36 页。

愿服务有着极大的促进作用；此外，社区志愿服务成为社区社工的辅助手段和支持力量，在服务过程中进一步宣传社工理念，促进社区治理向"善治"方向发展。

（四）党建引领的效力不断扩大

中国共产党是中国工人阶级的先锋队，同时也是中国人民和中华民族的先锋队。党的服务宗旨是全心全意为人民服务。党的性质决定了党员必须牢记和践行服务宗旨，履行党员义务，始终做社会主义事业的先锋队和排头兵。[①] 志愿服务的精神内涵与党的建设在本质上一致，随着志愿服务的不断深入发展，越来越多的基层党员主动参与到志愿服务中。在社区一线，"党员志愿者"群体开始日益活跃，给社区志愿服务发展带来了新的活力。作为社区治理的重要领域，党员志愿者参与到党群服务中不仅调动了党员的积极性，也激发了社区居民参与服务活动、关心社区发展的热情。党员积极参与社区志愿服务，一方面，增强了党员自身的服务意识和助人理念；另一方面，发挥了党员的模范作用，引领社区居民向善，进一步密切了党群关系，把丰富但分散的社会资源凝聚起来，共同编织社区志愿服务的资源网络。宝安区新安街道上合社区义工服务工作坚持以党建为统领，积极构建"党建＋志愿服务"工作新格局，把志愿服务与党建有效地结合，为打通服务群众"最后一公里"，专门成立了一支50余人的党员义工队伍。在日常志愿服务过程中，不断号召党员义工积极参与到社会治理创新中，开展党员义工探访关怀社区老年人、协助开展社区大型文体活动等义工服务。宝安区新安街道

---

① 徐则平：《试论新时期党的先锋队思想》，《求实》2003 年第 5 期，第 18 页。

海富社区在原有的四支志愿者队伍的基础上，以社区"两新"党组织的党员为基础，于2016年3月成立了党员先锋志愿服务队，为社区居民提供计划生育、法律科普、医疗卫生等政策上门宣传服务活动。同时，党员志愿服务队在清洁社区、美化环境、交通劝导、帮困助弱等社区文明建设方面积极开展志愿服务活动，不断发挥党员的示范效应。

四　深圳社区志愿服务的现存问题

结合深圳志愿服务发展的总体情况，对比国内外主要城市的社区志愿服务发展特点，笔者认为深圳社区志愿服务还存在以下不足，需要进一步优化。

（一）基于社区的志愿服务管理体系需要进一步优化

目前深圳社区志愿服务管理体系包括共青团（义工联）系统、民政系统、业务部门以及社区党委等部门，这种分散的管理体系是在志愿服务发展过程中自发产生的，但随着志愿服务事业的深入发展，这种分散、多元的管理体系弊端也日益显露。既有某些政府职能部门（如公检法等部门）从本部门需要出发，委托志愿者在社区内开展的宣传倡导类服务活动，此类条状志愿服务呈现垂直化的特点；也有共青团系统开展的在地志愿服务项目，由于志愿者管理是其职责范围内的块状业务，因此呈现全盘管理的特点。客观来看，由于社区志愿服务行动主体的多元性，志愿服务管理也必然存在交叉管制、服务重叠的现象，此类现象会直接影响到社区服务资源的利用效率，长远来看会对社区志愿服务的参与积极性产生消极影响。

随着社会治理的进一步深入，管理体系亟待优化的问题将是深圳市社区志愿服务发展的重中之重，该问题如何解决直接关系到社区志愿服务的发展前景和命运。

（二）社区志愿服务项目化管理不足

随着公益慈善生态的发展，志愿服务项目化将成为趋势。当下深圳的社区志愿服务已逐步呈现项目化特点，但整体来看仍稍显迟滞，落后于整个城市的发展进程。社区志愿服务项目化主要表现在活动经费的使用及管理基础上，以及如何围绕服务目标，进行活动志愿者的招募及管理、活动的策划及实施和最后的服务绩效评估方面。社区志愿服务自身的公益性和非营利性，决定了其支持开展服务的资金有限，行政力量主导的社区志愿服务主要靠政府拨款，自发开展的社区志愿服务资金来源主要是社会捐赠。志愿服务不同于社会企业，本身造血功能弱，不仅消耗社会资源，还需要投入爱心和热情；同时，社区的公共问题和需求具有时效性，要求社区志愿服务快速响应，及时回应和解决。项目化管理可以促使社区志愿服务的行动主体利用好有限的资金，提高服务的效率。时间、成本和绩效作为项目管理的三要素，对时间的追求会极大提高志愿服务的时效性，而对绩效的追求则要求志愿服务项目负责人注重对项目过程的跟踪控制和项目结果的评估。[1]

（三）技术创新乏力，与城市发展不相适应

深圳作为改革开放的前沿，有着"创新之都、创业之城"的美

---

[1] 王智腾、赵欢：《大学生社区志愿服务项目化运作研究》，《宁波大学学报》（教育科学版）2013年第2期，第87页。

誉。深圳汇聚了腾讯、华为等一批卓越的信息技术企业，引领着信息技术的发展潮流。随着深圳在社会治理领域的深入探索，技术创新被不断应用到社会实践中，发挥着日益重要的作用。现已开发出的"志愿深圳"信息平台就是技术创新与志愿服务管理的实践形式。但就目前社区志愿服务中的信息技术参与情况来看，"智能化程度"落后于本城市的金融、科技等其他行业，与其他城市的志愿服务管理平台相比功能类似，无法彰显深圳特色，呈现明显的同质化现象。现有平台作为单一的信息统合工具，在促进社区志愿服务的公众参与方面发力不足，滞后于城市的社会发展进程。深圳应在社区治理的创新中利用技术手段积极探索，提升社区志愿服务管理和参与的"智能化"，并推动形成深圳"志愿者之城"3.0 版本。

五　深圳社区志愿服务的优化策略探讨

社区志愿服务是增强社会发展活力、构建和谐社会的重要力量，也是实现社会治理精细化的重要途径。根据深圳社区志愿服务发展现状，结合国际社会已有的相关经验，深圳社区志愿服务可朝着以下方向迈出更前一步。

（一）进一步完善社区志愿服务协调机制

在条状管理与块状管理并存的社区志愿服务协调体系中，各部门缺乏有效的协调与整合，难以形成志愿服务的合力，并且各部门都有自己的管理模式和激励机制，规范统一的社区志愿服务发展制度体系难以有效建立。借鉴国际志愿服务发展的趋势和经验，通过创设专门的社区志愿服务协调机构，社区与社会团体、政府职能部门之间共同制定更深入的社区志愿服务管理细则和标准化的服务实施方案，是统筹协调志愿服务事业发展的一项重要制度保障，推动社区志愿服务朝着更加精细化的方向发展。

（二）推动社区志愿服务的项目化运作和管理

项目化管理主要体现在经费的取用和服务活动的开展上，基于有限经费，最大限度地完成既定服务目标是项目化管理的主要内涵。在公益资源项目化运作成为社会趋势的背景下，立足社区，整合社区力量和资源，建立"志愿服务项目"培训班，对社区志愿服务组织负责人开展培训越来越重要。社区可通过依托社会组织和各类培训机构和资源，将社会资源引入志愿服务项目培训体系内，组织开展"公益项目化运作"的相关讲座，鼓励热心社区事务的居民和活跃分子参与培训。项目化对志愿参与的要求会更加严格和明确，通过项目化运作的方式，可以在志愿者招募及管理方面进行实践创新，持续为社区志愿服务注入新的活力，进而打造出特色品牌项目。

（三）利用技术创新激发社区志愿服务新动能

在社会治理过程中，用好技术创新，为社区志愿服务注入新动能，是一个重要发力点。近年来，大数据、智能化、移动互联网和云计算等新一代信息技术不仅掀起了新一轮的产业革命，也改变了人们的生活。在社区志愿服务的发展中，互联网思维是不可缺少的实践模式，充分利用大数据等技术方法和创新工具，可为社区志愿服务插上技术的翅膀。技术创新可以应用到社区志愿服务价值链的各个环节中，通过互联网实现对服务活动的精准控制，还可以实现志愿服务的规模化管理，极大地节约人力、物力、资源等投入，走志愿服务绿色发展之路。大数据等互联网技术还可以促进社区资源共享，提高志愿服务资源利用率，对分散的碎片化需求信息进行整合，然后与志愿服务的供应方匹配对接，可提高志愿服务效率。长远来看，技术创新作为深圳社区志愿服务协调管理的特色，将不断激发社区志愿服务新动能，在未来为志愿服务起到基石作用。

小　结

由于地域差异以及每个个体的需求差异，社会保障制度无法确保所有需要帮助的弱势群体都能得到保障，社区志愿服务可以利用社会资源、调动各界力量来填补社会保障体系的空缺。社区志愿服务可以在为居民提供基本生活帮助的同时，关注居民的心理健康，为他们提供一个更为和谐的生活环境。深圳的社区志愿服务发展与深圳的城市治理同步进行，已构成城市治理的重要环节，在制度体系、参与主体、社工联动、党建引领方面独具特色，起到了改革开放的社会治理示范作用。从发展趋势来看，深圳的社区志愿服务将形成更加完善的管理协调机制、更加普及的项目化运作方式、更加丰富的技术创新，最终扩大社区志愿服务的民众参与，增强社区活力，推动城市治理走向"善治"。

社会组织中的志愿服务

——以深圳为例

徐宇珊[*]

社会组织与志愿服务，从来都是密不可分，相互依存的。志愿者是社会组织中重要的人力资源，社会组织是志愿服务的主要组织载体，参与志愿服务的社会组织对于深圳建设"志愿者之城"不可或缺。深圳的很多社会组织发起人就是资深志愿者，很多社会组织的缘起就是志愿服务；同时，很多志愿者，依托社会组织成为团体义工的一员，长期在某一社会组织提供志愿服务。本文将结合深圳社会组织志愿服务的实践案例，梳理社会组织中的志愿服务的特点、成效及经验，并提出相关政策建议。

一　有关社会组织参与志愿服务的政策回顾

（一）国家有关社会组织参与志愿服务的相关法律法规政策回顾

1. 《慈善法》中的志愿服务

2016 年颁布的《慈善法》第七章的"慈善服务"部分包括了志

---

*　徐宇珊，深圳市社会科学院副研究员。

愿服务，还指出志愿服务是慈善服务的一种类型。在第七章中，提到了慈善组织要尊重志愿者的隐私，需要对志愿者提供培训，需要签订协议，需告知风险，需购买必要的保险，应对志愿者进行实名登记，需记录服务时间，等等。通过若干法律条文，明确了慈善组织开展志愿服务的权利和义务，保障了志愿者的合法权益。

2.《志愿服务条例》中的志愿服务组织

2017 年颁布的《志愿服务条例》专门用一章阐述了志愿服务组织与社会组织之间的关系。《志愿服务条例》第六条第二款指出，"本条例所称志愿服务组织，是指依法成立，以开展志愿服务为宗旨的非营利性组织"。第八条明确指出，"志愿服务组织可以采取社会团体、社会服务机构、基金会等组织形式"。由此可以看出，志愿服务组织是以开展志愿服务为宗旨和业务范围的社会组织，志愿服务组织的组织形态是社会组织，主要特点是从事志愿服务。

3.《关于支持和发展志愿服务组织的意见》

2016 年，中央宣传部、中央文明办、民政部、教育部、财政部、全国总工会、共青团中央和全国妇联印发《关于支持和发展志愿服务组织的意见》，其中多处提到社会组织与志愿服务之间的关系。与前述法律和条例相比，《关于支持和发展志愿服务组织的意见》中所涉及的内容更为广泛、全面，提出了更为具体的培育发展志愿服务组织的措施。一是加强志愿服务组织的培育，包括适当放宽志愿服务组织的成立条件，要求社会组织孵化基地进行有针对性的扶持，推进志愿服务组织承接公共服务项目，完善监督管理体系，等等。二是提升志愿服务组织的能力，包括完善内部治理机制，创新人才培养机制，增强组织造血功能，加强行业自律，等等。三是深化志愿服务组织服务，包括强化志愿服务供需对接，推广"社会工作者＋志愿者"协作机制，全面推行志愿服务记录制度，创新志愿服务方式方法，等等。

上述内容都表明，志愿服务组织是非常重要的一类社会组织，是需要重点培育与扶持的社会组织。同时，对社会组织的规范性要求，如监督管理体制等，同样适用于志愿服务组织。此外，志愿服务组织也要与其他类型的社会组织合作。

（二）深圳有关政策的具体要求

深圳早在2011年就关注到社会组织与志愿服务之间的关系，并开始推动社会组织参与志愿服务。

2011年12月，中共深圳市委、深圳市人民政府颁布的《关于建设"志愿者之城"的意见》（深发〔2011〕24号）提出了深圳建设"志愿者之城"的具体目标，包括"各类社会组织参与志愿服务工作比例显著增加"，"培育发展一批从事志愿服务的公益性社会组织"等，并提出了构建枢纽型社会组织工作体系、坚持培育发展与管理监督并重等具体工作内容。

2015年12月，中共深圳市委、深圳市人民政府在上述基础上颁布了《关于进一步加强"志愿者之城"建设的意见》（深发〔2015〕10号），提出了开展志愿服务法人注册工作，重点培育和发展专业志愿服务组织。

根据《关于建设"志愿者之城"的意见》所指定的《深圳市"志愿者之城"建设目标指引》，提出参与志愿服务的社会组织数量目标。社会组织通过设立志愿者岗位招募志愿者，按照社会需求开展常态化志愿服务，能够实现社会组织的社会效益最大化，提出到2015年，深圳市参与志愿服务的社会组织达到1000个的目标。

二　社会组织与志愿服务的关系分析

1. 志愿服务组织属于社会组织。

从上述法律法规中不难发现，志愿服务组织就是社会组织，其组织形式可以采取社会团体、社会服务机构①、基金会，这三种形式也是目前我国社会组织登记注册的组织形式。志愿服务组织是专门从事志愿服务工作或以志愿者为主要成员的社会组织。发展志愿服务组织就是发展以开展志愿服务为宗旨的社会组织。

社会组织可以分为互益性社会组织和公益性社会组织，互益性社会组织是提供给社会某一部分特定成员的互益性公共物品，而公益性社会组织的受益者是整个社会不特定多数成员，并为其提供公益性公共物品。志愿服务组织属于公益性社会组织，其受益者不是组织内部成员，而是社会公众。

2. 志愿者是社会组织中重要的人力资源。

志愿者是社会组织独特的、宝贵的人力资源，社会组织人力资源管理区别于企业和政府的重要特点就是志愿者的管理。可以说，志愿服务是社会组织的精神所在。因此，并非只有志愿服务组织才可以开展志愿服务，所有的社会组织都有可能开展志愿服务，有相当多名称中并未体现"志愿"二字的社会组织也在积极开展志愿服务。

社会组织的志愿者类型广泛，社会组织中的志愿者数量远远超过人们在某些活动现场所看到的"红马甲"，诸多志愿者在社会组织

---

① 目前所登记的"民办非企业单位"。自《慈善法》颁布后，改为"社会服务机构"。

幕后默默无闻地承担了大量管理及行政工作。通常来说，社会组织的志愿者根据工作性质，可以分为三类：一是管理型志愿者，如加入理事会或担任顾问，参与组织的决策与治理；二是日常型志愿者，参加组织日常工作并担任一定角色，如策划、管理、协调等；三是项目型志愿者，如为各种项目或在活动现场提供志愿服务。[①] 一般来说，大家更多地关注第三类项目型志愿者，而忽略前两类志愿者对社会组织的贡献，甚至难以计算前两类志愿者的志愿服务时长。

3. 部分社会组织发端于志愿服务。

有部分自下而上成立的社会组织，原本就发起于几个志愿者的志愿服务。最初由几个志愿者根据自己的兴趣爱好，以松散的方式为某些特定群体提供志愿服务。随着服务的深入，这些志愿者意识到如果注册成为正式的社会组织，会吸引更多志愿者加入，会提供更专业的服务，会链接更多的资源。于是，有些志愿者就将原本的志愿服务小队正式注册为一个社会组织，走上规范化运作的道路。深圳市彩虹花公益小书房就是典型代表。彩虹花公益小书房的创始人兼理事长李波女士在陪伴自己女儿成长的过程中，爱上了亲子阅读，并希望传递给更多的家庭。2008 年，她与深圳的另外两名热心妈妈一起组成"深圳三人组"，着手组建了深圳亲子阅读团队，并在深圳各区开展亲子阅读的志愿服务。当时，每一位参加活动的志愿者都被推广亲子阅读这件美好的事情所激励，纷纷想在自己所在的社区开展活动。但随着活动站点的增多，他们开始遇到问题。由于没有合法身份，在开展活动时遇到了不少麻烦。后来，经过一位志愿者的提醒和发起人李波女士辗转多次的不懈努力，该机构终

---

① 王名编著《非营利组织管理概论》，中国人民大学出版社，2002，第 145 页。

于在 2011 年 1 月正式登记，也因此成为深圳市第一家独立注册的亲子阅读推广组织。虽然该组织名称上并未出现"志愿服务"的字样，但是脱胎于志愿服务的彩虹花公益小书房一直不忘初心，牢记推广亲子阅读的使命，在全市各个角落开展与亲子阅读相关的志愿服务。

4. 部分社会组织创办人是资深志愿者。

上面谈到了一些志愿服务小团队转型为合法注册的社会组织，还有一种情况是部分资深志愿者转型为社会组织的创办人，将志愿服务的经验运用到社会组织的运营与服务中，通过专业社会组织延续志愿精神，用专业力量更好地服务社会。例如，深圳多家社工机构的创始人是深圳的五星级义工。深圳市融雪盛平社工服务中心由深圳的 5 名五星级义工合办，5 人中有 3 人是原市义工联干事。在深圳市龙岗区正阳社会工作服务中心的三位发起人中，有两位均为 2008 年度的深圳五星级义工。同样地，深圳市龙岗区龙祥社工服务中心的发起人也是有名的五星级义工。这些资深志愿者转型为专业社会组织发起人，其志愿服务的经历可使其更加了解服务对象，更加具有服务热情，也更容易推广"专业社工 + 义工"的服务模式。

三 社会组织参与志愿服务的特点

1. 专业化程度更高

志愿服务按照服务过程和内容可分为非专业化服务和专业化服务两种。非专业化服务是指技术含量较低的一般性服务活动，如大型活动中的后勤保障、马路执勤、引导排队秩序等工作；专业化服务是指具有某项专业知识技能或获得专业资格的人士所提供的服务，如心理康复、翻译、义诊、支教、法律援助、维修等。[①] 在大型国际赛事中，从志愿者招募到培训、上岗、管理等都是将专业志愿者与普通志愿者区分开来的。[②] 尽管非专业志愿服务门槛低，可以扩大志愿参与的群众基础，但是随着社会问题愈加复杂，社会公众对专业化服务的需求越来越大。如青少年问题、医疗救助、法律咨询等，单靠"献爱心"是远远不够的。事实上，深圳义工发端于一个热线服务电话，尽管当时的热线服务电话是由非专业志愿者组成的，但实际提供"心理辅导和咨询"等专业志愿服务。社会组织参与志愿服务与松散的志愿服务相比，在专业化方面的程度更高。这是因为，每家社会组织都有自己的宗旨和使命，都聚焦某一方面的社会问题，也聚集了一批具有相似专业背景的志愿者。社会组织可以组织这些志愿者长期开展某一方面的志愿服务。例如，深圳市福田区维德志愿法律服务中心由一群热心公益的律师自发创办，组织各领域的志愿律师，为社会夹心层和公益组织提供免费法律援助和服务。再如，深圳心灵之家公益心理咨询中心是一家承诺永久性提供免费心理咨询的社会组织，现有的注册的心理咨询师志愿者有 100 名以上，为社会提供了数万小时的网络咨询和几百小时的当面咨询服务。又如，彩虹花公益小书房作为一家由几个全职爱心妈妈发起的亲子阅读机构，在发展的过程中不断强化组织的专业能力，在现有 350 位义工中，有深圳市受聘的阅读推广人 22 位，有二级或三级心理咨询师 25

---

① 张科、彭巧胤：《高校青年志愿服务专业化研究》，《中国青年研究》2010 年第 2 期，第 43~46 页。

② 曾吉、孙喜莲：《2000 年悉尼奥运会志愿者的启示》，《浙江体育科学》2006 年第 2 期。

人，有中级或初级社工 48 人。① 志愿者利用自身的专业技能，向社会提供专业服务，可以最大化地发挥其社会价值，而社会组织为这些志愿者提供了服务的平台，促使专业志愿者借助社会组织，加强同行间的交流沟通，提升专业能力和业务水平，从而最快速地找到最需要帮助的社会公众。

2. 组织化程度更高

正式注册为一个社会组织本身就是提高志愿服务组织化程度的表现。成为一家社会组织后，要遵守与社会组织相关的法律法规，要接受民政部门的监督管理，要成立党支部，要建立完善的内部治理结构，要建立规范的财务管理制度，要进行信息公开披露，等等。同时，成为一家社会组织，意味着具备了独立的法人身份，具有了独立的财务账号，可以独立对外签订合同。因此，促进志愿服务队伍法人化，使其成为社会组织，既可以规范志愿者的管理，保障志愿者的权益，又有可能参与政府购买服务，获得更多的社会资源，壮大志愿服务队伍。

3. 可持续性更强

正因为社会组织开展志愿服务的专业化和组织化程度更高，社会组织中的志愿者之间的联系更为紧密，凝聚感更强，专业能力提升更快，从志愿服务中获得的自我价值感更高，所以志愿者对社会组织的归属感更强。这些都使得社会组织中的志愿者提供志愿服务的连续性、持续性更强。以彩虹花公益小书房为例，2017 年该机构有正式义工约 350 人，其中 26.5% 的人员在彩虹花持续服务 5~8 年。②

---

① 2018 年 5 月，深圳市彩虹花公益小书房对义工进行问卷调查，共发放问卷 350 份，回收 328 份。

② 资料来源于"彩虹花公益小书房"微信公众号。

该组织的问卷调查显示，当被问及"如果您的孩子大了，您还会在彩虹花继续做公益服务吗？"时，有95.1%的义工认为还会继续服务。同时，当问及志愿者们是否推荐其他朋友加入该组织时，有61.4%的志愿者表示已经推荐朋友成为志愿者，有36.1%的志愿者表示已经推荐朋友参加活动。有82.6%的志愿者愿意为该机构的公益项目进行捐赠并劝募宣传，另有15.8%的志愿者愿意自己捐赠。[①]

4. 个性化程度更高

通常每个社会组织都会根据本组织的特点，设计志愿者管理办法，形成特色化的志愿者服务机制。例如，彩虹花公益小书房对志愿者有系统的招募、培训和激励机制。在彩虹花公益小书房的公众号上，有明确的志愿者指引。成为志愿者要经过三步。第一步，先成为种子义工；第二步，自愿注册深圳市义工；第三步，种子义工服务满3次后可以申请成为正式义工。成为彩虹花的义工后，享有一系列交流与学习的机会。在荔枝微课上，有专业课程学习；在QQ群方面，有专门的童书分享群、共读群；在微信群方面，有义工交流群。彩虹花还把义工分为活动义工和服务部门的义工。前者围绕单次活动所需要的义工资源，将义工岗位明确化，从相对简单的签到、秩序义工，到活动记录义工、故事义工，乃至总策划义工。后者则针对日常行政工作设置若干义工岗位，如微信维护、志愿者录入等。不同义工岗位具有相应的服务时长。再如，宝安区天使志愿者服务中心将志愿服务与党建工作紧密结合，动员志愿者把党组织关系转到本组织，使该组织达到单独成立党组织的要求，进而成立了党支部。该组织坚持

---

① 2018年5月，深圳市彩虹花公益小书房对义工进行问卷调查，共发放问卷350份，回收328份。

"把党员培养成义工骨干，把义工骨干发展为党员"的党建原则，把"两学一做"学习教育与志愿服务活动结合起来，切实抓好中心的各种制度建设，让党员在义工队伍中真正发挥先锋模范作用。在日常的志愿服务中，所有的党员义工均需亮明身份。

5. 常态化程度更高

与其他志愿者相比，专业志愿服务组织中的志愿者更有可能提供常态化的服务，而非一次性的、临时性的服务。一般来说，活跃的社会组织会有计划地组织志愿者开展日常服务。就组织来说，一年中的志愿服务总频次高，分布均衡；就志愿者来说，提供志愿服务不是一时的心血来潮，而是一种生活方式。例如，深圳市彩虹花公益小书房仅 2017 年一年时间，便在 20 个线下站点组织了 208 场亲子读书会、12 场童书帮帮堂、10 场巫婆读书会、10 场读书宝贝秀，线上组织了家长共读导读 12 场、儿童绘本在线分享约 30 场、读书会方案分享 15 场。同时，该机构研发的"梦想书包"项目，在 2017 年服务了深圳市 5 所学校的 75 个班级，投入书包 2250 个，举办了 227 场班级读书会及儿童宣讲会，150 场班级总结会；服务城中村社区 28 个，投入书包 987 个，开展了 45 场家长讲座，90 场亲子读书会……这些数字的背后是几百位志愿者长期在一线的坚守。[①]

四 深圳市社会组织参与志愿服务的成效与经验

（一）一批志愿服务组织顺利登记注册

团市委以建设"志愿者之城"为契机，探索"以组织为依托，

---

① 资料来源于"彩虹花公益小书房"微信公众号。

以社区为切入点，以参与公共服务为方向"的工作路径，推动志愿服务成为共青团参与社会治理的重要抓手。"以组织为依托"，即以志愿服务组织为依托，大力推动成立志愿服务组织。《深圳市"志愿者之城"建设目标指引》中提出社会参与的指标之一是，到2015年，参与志愿服务的社会组织达到1000个。据统计，截至2014年10月，全市已有1407个社会组织参与志愿服务，提前、超额完成预期目标。[①] 这个目标的达成与深圳市社会组织登记管理制度改革密不可分。深圳在全国率先推动社会组织登记管理体制改革，降低8类社会组织的登记门槛。志愿服务类社会组织也是社会组织直接登记管理体制改革的受益者。过去的一些志愿服务队伍、团体在降低门槛后，可以顺利地登记为具有法人资格的社会组织。从2014年到2017年，志愿服务组织数量持续稳定上升。据统计，到2017年底，在市义工联登记备案的志愿服务组织有1.1万家，其中注册为法人志愿服务组织的有2013家，年均服务时长超过1000个小时的骨干志愿服务组织达到701个。[②]

（二）枢纽型组织有效发挥孵化培育作用

市、区义工联搭建志愿组织孵化平台，提供资金、场地、政策协调、培训服务等支持，重点扶持专业性强、社会需求大的志愿者组织，把松散的志愿服务团队培养成法人志愿者组织。此外，深圳市志愿服务基金会作为深圳唯一一家志愿服务领域的专业公募基金会，发挥了资源整合的枢纽作用，为义工组织、社会组织、城市U

---

① 《深圳市"志愿者之城"建设评估报告》。
② 《关于"志愿者之城"建设工作情况的报告》（2017年）。

站等提供了服务平台。通过创建专项基金、共享公募平台等方式，积极整合和撬动社会资源，提高志愿者组织、公益社会组织自我"造血"的能力，建成长效化运作机制。积极搭建公众筹资平台，在传统募捐箱筹款的基础上，通过专项基金、电子义工证、新媒体等筹款渠道，探索建立志愿服务多元化资金保障机制。

（三）在社会各区域、各领域提供专业志愿服务

广大公益性社会组织为市民参与志愿服务创造了平台和机会，有效地推动了社会管理和公共服务创新。全市参与志愿服务的社会组织类型多样，社会团体、社会服务机构、基金会等组织形式均有注册。志愿服务的社会组织业务范围广泛，从心理咨询到法律援助，从应急救灾到社会治安，从青少年关怀到老年人帮扶……基本涵盖了志愿服务的各个方面。地域范围覆盖到全市、区、街道、社区的各个角落，既有市级、区级民政部门注册的社会组织，也有在街道备案的社区社会组织，这些社会组织的服务让民众深深地感觉志愿者就在你我身边。与此同时，部分社会组织还走出深圳，走出国门，把深圳的志愿服务精神传播出去。例如，团市委、市应急办支持成立深圳市公益救援志愿者联合会，参与汶川地震、海南风灾、鲁甸地震等应急救援行动。①

（四）通过政府购买服务等举措支持志愿服务组织发展。

共青团深圳市委以及其他各部门、各区以政府职能转变为契机，积极支持包括志愿服务组织在内的社会组织承接政府事务，参与公

---

① 《关于"志愿者之城"建设工作情况的报告》（2014年）。

共服务，发挥社会功能。通过市级财政购买大型赛会展会志愿服务，建设与维护志愿服务 U 站，并且支持开展其他志愿服务相关工作。此外，深圳全市各区均设立了专项资金，以项目资助、公益创投等方式支持社会组织的优秀公益项目，各区每年投入的资金从 100 万元至 2000 万元不等。其中，福田区于 2014 年 9 月设立社会建设专项资金，近三年每年投入 2000 万元，主要用于扶持资助社会组织实施的基本公共服务、社会公益服务、社区便民服务、创新社会治理、社会组织培育激励等社会建设领域的相关项目。龙岗区设立社会专项经费，2013～2016 年共投入 1956 万元，用于支持社会组织发展优秀项目、鼓励社会组织创先争优、培育发展社区社会组织和社区基金会等。龙华区从 2013 年开始，每年设立 1500 万～2000 万元社会建设专项经费，2013～2016 年全区共扶持了 168 个公益项目，累计金额5442.8 万元。政府购买服务及项目资助为社会组织的发展提供了宝贵的资源，惠及多数志愿服务类社会组织。通过购买服务或项目资助，社会组织不仅得到了资金支持，还提升了组织的社会公信力、项目管理水平、专业服务能力、团队管理能力、财务管理能力等综合能力。

五 深圳社会组织参与志愿服务的发展建议

尽管深圳市社会组织参与志愿服务已经呈现繁荣景象，但与国际先进城市相比仍有提升空间。为进一步推动社会组织参与志愿服务，现提出以下建议。

一是进一步增强志愿服务类社会组织的自主发展能力。从数量上看，近几年深圳市志愿服务组织迅猛发展，但志愿服务组织仍然存在自主管理能力不足、资源依赖程度高、项目创新性不足等情况，这些成为志愿服务组织稳定发展和提高专业化水平的瓶颈。建议加大对志愿服务组织的培训力度，提高组织整合资源能力和规范化程度，打造品牌志愿服务组织。

二是进一步加大专业志愿者队伍发展力度。从志愿者参与志愿服务的分布领域来看，传统的扶贫助困、助学支教、医疗保健、助老扶幼、无偿献血等仍然占主要比例，且服务的形式相对单一。建议出台政策，鼓励引导社工、医生、教师、律师等专业人才成立专业志愿服务队伍，提高社会组织的专业化志愿服务水平，提高拥有专业资质的志愿者的比例。

三是进一步加强对各领域志愿服务类社会组织的扶持及表彰力度。随着参与志愿服务的社会组织数量的增多和领域的扩大，志愿服务组织已经远远超出了传统管辖范围，特别是在社会组织的直接登记管理体制下，这些社会组织在受到政府较少干预的同时，也相应地难以得到有关政府部门的支持及表彰。建议从志愿服务的角度关注这些志愿服务组织，发现优秀组织及优秀个人，进行表彰奖励，激发志愿者的服务积极性。

深圳志愿服务发展现状、问题及建议

李 琼[*]

深圳是全国志愿服务发源地之一，1989 年即在全国率先探索推进志愿服务工作，1990 年注册成立中国内地第一个法人志愿者组织。深圳是一座"志愿者之城"，市委、市政府于 2011 年在全国首次系统性提出建设"志愿者之城"，"送人玫瑰、手有余香"是深圳城市"十大观念"之一。2019 年 1 月 17 日，习近平总书记在天津视察时强调，志愿者事业要同"两个一百年"奋斗目标、建设社会主义现代化国家同行。在新时期，如何推动深圳志愿服务事业朝着更快、更好的方向发展，是摆在我们面前的一大课题。

一 发展现状

（一）志愿服务体制机制较为完善

深圳志愿服务起步早，在 30 年的发展过程中，逐步形成了全国

---

* 李琼，时任深圳团市委志愿者部部长，现任深圳市大鹏新区郡团工作部部长。

独特的党政引领、共青团牵头、社会广泛参与的志愿服务工作体制机制。1989年，由深圳共青团发起，19名团干部、热心青年组成志愿者队伍，开展爱心服务。1990年，注册成立深圳市义工联合会，业务主管单位为团市委。2005年，《深圳市义工服务条例》颁布，其中第六条规定：深圳市义工联合会负责组织、协调全市义工服务活动，义工服务活动接受共青团组织和其他有关部门的指导和监督。2011年，市委、市政府提出建设"志愿者之城"，成立"志愿者之城"建设工作领导小组，由市委书记担任组长，市委宣传部等17家单位为成员单位，领导小组办公室设在团市委。因此，形成了较为完善的志愿服务体制机制。有了市委、市政府的高度重视和坚强领导，有了各党政机关和职能部门的全力配合，有了全市各级团组织的牵头和网络体系的支撑，有了广大的志愿者组织和志愿者的参与，深圳"志愿者之城"建设才具备了强大动力。

（二）志愿者参与更加多元，活跃度更高

全市目前注册志愿者人数175万人，党员、团员在志愿服务中逐渐成为主导力量。其中，党员志愿者28.5万多人，占志愿者人数的17.3%；团员志愿者34.3万多人，占志愿者人数的20.8%。来深就业创业的高学历人员、科研团队、海归等高层次人才踊跃加入志愿者队伍，在创新创业的过程中也通过志愿服务的形式回馈社会。其中，35岁以下青年志愿者78.1万人，占总人数的47.3%。目前，全市注册志愿者年均提供志愿服务时长978万小时，年均发布志愿服务项目14.5万项，全年不间断打卡率为80%以上的服务点达552个。年均服务超过40小时的骨干志愿者达3万名，年均服务超过100小时的骨干志愿者达8621名，服务总时间超过5000个小时的志愿者有 340 多名。深圳市以上数据均名列全国前茅。

（三）志愿服务队伍与项目发展更加专业

注册成立以"做百万'红马甲'的坚强后盾"为使命的深圳市志愿服务基金会，除由财政支持 500 万元启动资金外，还面向社会募集资金累计超过 6000 万元，支持志愿服务组织通过承接公共服务项目，积极参加公益创业和公益创投，妥善解决志愿服务运营成本问题，为组织持续发展提供动力。组织运作社会化，市义工联以社团方式运作，以"直营"的方式推动直属的各志愿服务组织发展，以"加盟"的方式吸纳团体会员单位，广泛联系社会各类公益性社会组织。广泛吸纳专业人才参与专业志愿服务，推动文化、助残、助老、人民调解等 19 个领域组建 1022 支专业志愿服务队，为广大市民提供专业服务。例如，2009 年，深圳成立综合类医务志愿者服务队——罗湖区红十字医务志愿者服务队，有 300 多名医务工作者参加。2013 年 12 月，"深圳市公益救援志愿者联合会"注册成立，发挥山地、水上、城市、心理辅导等救援专业优势，开展救援工作，成为政府社会应急救援力量的重要补充。2017 年 5 月，深圳市食品药品安全志愿服务总队成立，目前队伍有 4000 多名志愿者，以食品药品安全为抓手，围绕培训体验、宣传科普、志愿服务、社会监督四个方向全面参与构建社会共建共治共享格局。建立"社工 + 义工"联动机制，充分发挥社工在组建团队、规范服务、拓展项目、培训策划等方面的专业优势，同时充分发挥普通志愿者"兵源充足"的优势，取长补短，从整体上提高志愿服务的专业化水平，推动志愿服务质量不断提升。目前，深圳已在市、区义工联设立社工岗位，在社区服务中心、社工服务机构设立志愿者服务岗位，"双工联动"

取得良好成效。例如，龙岗区紫薇社区积极推广"社工＋义工＋社会组织"的社区志愿服务模式，荣获"广东省宜居环境范例奖"。对志愿服务内容进行专业化分类，逐步建立长短项目齐头并进、不同领域项目各具特色的志愿服务项目库，实现了志愿服务的"菜单化"。其中，常设服务项目包括热线服务、残疾人服务、老人服务、无偿献血、器官捐赠等 30 多个，中长期服务项目包括参与联合国"红丝带"服务以及各类对外支援服务，临时主题服务项目包括围绕高交会、文博会等大型活动开展的服务，这些项目全方位覆盖了社会各阶层和经济社会发展需求。借助项目化运作平台，打造出"募师支教"、关爱脑瘫儿童"快乐成长"、"保护红树林"等一批专业志愿服务品牌项目。

（四）志愿服务阵地建设情况

深圳在学校、社区、医院、公园、地铁、交通枢纽等地设立了575 个常规志愿服务点。其中，志愿服务 U 站是最主要的阵地，也是深圳作为"志愿者之城"的重要标识。志愿服务 U 站源于 2011 年深圳大运会志愿服务站，大运会结束后，全市保留了由废弃集装箱等环保材料制作的 58 个岗亭式城市志愿服务 U 站，继续服务市民。U 站作为重要阵地，主要开展文明宣传、信息咨询、应急服务等体现"城市服务中心"的活动，总体而言在深圳文明创建、绿色出行、法律援助、扶贫助残、禁毒宣传、赛事服务等工作中发挥了积极作用，在管理上实行 365 天早 8 点到晚 8 点的"全天候"运作，在深圳志愿者的共同努力下，U 站孵化、发展了学生假期暑期社会实践、"大手拉小手"家庭志愿服务体验、志愿服务项目推介、志愿者招募报名、"深圳义工伴您回家"春运志愿活动、"U 爱清凉义夏"等各类慈善公益活动，深受市民欢迎。目前，全市已建成常态化志愿服务 U 站 146 个，创建全国文明城市期间有 789 个志愿服务站点，分布在全市社区、公共文化设施、景区景点、窗口单位、政务大厅、火车站、长途汽车站、机场、码头、医院等。

（五）志愿服务文化较为普及

发布"志愿深圳"微信服务号，推出"志愿者之城"动漫、宣传视频、画册、手机报，建设"义工天地"展馆（志愿服务展览馆），在全市主要交通枢纽、公交车身及站台等张贴志愿服务广告，打造志愿文化，与电台联合推出义工电台，推出实名制"红马甲"、电子志愿者证、U 站等深圳独特的志愿者标识，聘请爱心人士担任志愿者形象大使，设立"公务员志愿者行动日""深圳义工节"等主题日，一批优秀的志愿者艺术团、文化作品登上国家级媒体。在深圳，"送人玫瑰，手有余香"观念已深入人心，参与志愿服务已成为受人尊重的社会活动。

（六）志愿服务激励保障不断提高

深圳注重加强常态化激励机制，以制度化为支撑，探索具有深圳特色的志愿服务激励保障模式，例如在全国率先出台《深圳经济特区市民文明行为促进条例》《深圳市义工服务条例》《深圳市礼遇和帮扶道德模范暂行办法》等文件，对事迹突出的志愿者给予入户、住房保障、困难救助等多方面的帮助。不断出台和完善《深圳市星级志愿者资质认证管理办法》《深圳市百名优秀志愿者资质认证管理办法》《深圳市志愿者（义工）表彰与激励办法》等规范制度。评定"五星级志愿者"，设立"志愿服务时长奖"……建立起"一星

至五星"志愿者、"百名优秀志愿者"等多层级的志愿者荣誉认证
体系。推广社区"爱心银行"项目，探索建立志愿服务积分通存通
兑、延时使用机制。制定《文化志愿服务促进办法》等规范性文件，
促进文化等专业领域的志愿服务发展。

（七）志愿服务信息化工作成为重要支撑

在全国率先推出集管理与服务于一体、证卡分设多功能的电子
义工证，目前"志愿深圳"手机应用、志愿服务 PC 端信息化平台、
电子义工证、POS 考勤终端机全部推广运行，"一库、多终端"的智
慧型"志愿者之城"信息化体系正式形成，初步建立起志愿者、志
愿服务组织、市民的三方互动机制和供需对接机制。大力推进"互
联网＋志愿服务"线上发展战略，开发建设志愿者大数据库和信息
化平台，发布电子义工证，构建综合信息服务体系，实现"查组织、
易注册、发项目、找活动、记考勤、微捐赠"六大功能。

二　存在问题

（一）志愿者队伍和志愿者的稳定性面临挑战

部分志愿者队伍成立较为仓促，前期筹备成立时间短，没有对
队伍成立之后的发展方向、服务理念、组织架构、项目运作等进行
较好的规划，以致队伍成立之后出现发展停滞、虎头蛇尾的情况。
另外，不少志愿者使用部门提供志愿服务的岗位要求和志愿者自身
的技能和期待不对称，同时不注重对志愿者的关爱以及志愿服务文
化氛围的营造，不注重发挥志愿者的积极性，不少志愿者使用部门

对志愿者进行简单、粗糙的分配，使得有些志愿服务仍停留在简单劳动，甚至重复劳动的层面，具有专业技能的志愿者也没有实现服务价值的最大化，进而出现志愿者流失的情况。

（二）志愿服务项目和志愿者行为的规范性面临挑战

深圳对志愿者组织发布志愿服务项目的管理较为宽松，社会化程度也比较高，这既是深圳志愿服务的优势，也是隐患点。由于一些公益性或者商业性之间的模糊地带不好把握，部分志愿服务项目存在是否具备公益性的争议，极易引起志愿者反感和市民投诉。部分志愿者在服务过程中的语言、肢体行为等受个人行为习惯等影响，难免会给服务对象带来负面感受，同时在志愿者之间也会形成矛盾，继而影响到志愿者队伍的团结。另外，志愿服务时间记录准确性存在风险，志愿服务经费使用中的规范性问题等极易引起投诉。

（三）志愿服务发展遇到瓶颈，一些机制性问题亟待解决

志愿服务不是做"锦上添花"的事情，而是实现"雪中送炭"，目前全市开发的专业性志愿服务领域仍然有限，专业志愿服务队伍数量仍难以满足社会需求。志愿服务仍然受到行政性干扰，存在强制要求志愿服务覆盖率达到考核标准等问题，志愿者被当作免费劳动力，忽视了志愿服务供需的匹配，有些地方没有志愿服务需求但仍然被要求建立志愿服务站。法人志愿服务组织注册、志愿服务表彰等仍然受到制约，志愿服务激励机制单一、效果不明显，志愿服务经费程序复杂且需等待时间长，等等。志愿服务组织的培养力度有限，国际知名度高、影响力大、服务功能强、具有国际水准的志愿队伍和志愿组织数量不多。

三　国际志愿服务的主要做法

（一）构建完整的法律体系予以规范

在美国，志愿服务法律法规有《国内志愿服务修正法》《国家和社区服务法案》《全美服务信任法案》《志愿者保护法》等。在我国台湾，建立了"1＋9"志愿服务法律体系。2001年，我国台湾颁布实施《志愿服务法》，2013年6月进行了修订。随后颁布了《志愿服务奖励办法》《志愿服务证及服务纪录册管理办法》《志工伦理守则》《志工服务绩效认证及志愿服务绩效证明书发给作业规定》《志工申请志愿服务荣誉卡作业规定》等9项行政规则和法律命令，涵盖了志工招募、训练、服务、督导、考核、奖励等各个环节。

（二）鼓励公共服务部门大量运用专业志愿者并自主规范管理

在美国、英国等西方发达国家，医院、图书馆、博物馆等公共部门大量招募使用志愿者以提升服务水平。在我国台湾，政府部门都不同程度地使用志工服务，在台北市，上至市政府下至区公所，均在日常公务中广泛运用了志工服务，在市政服务大厅设有专门的志工服务台，为市民提供咨询服务。在我国台湾，凡涉及公众利益的机构都可以申请运用志工，但必须向主管部门提交一份包括志工招募、训练、管理、运用、辅导、考核及服务项目在内的详细的志工服务计划书，并向社会公布。

（三）重视对志愿服务的宣传发动

美国设立国家志愿者周（每年4月的第三个星期）、马丁·路德·金服务日（每年1月的第三个星期一）、"爱国日"（同时也是"国家志愿服务和纪念日"，每年9月11日）、总统志愿服务奖等。在我国台湾，将每年的5月20日定为"台湾志工日"，将每年的12月5日定为"国际志工日"，提出了"志工台湾"的口号，还设立了"金驼奖"奖励贡献突出的志工，由台湾地区领导人亲自颁奖。在我国香港，社会福利署设立了全港志愿者嘉许制度，每年颁发金、银、铜奖给个人和机构。

（四）全面落实志愿者激励机制和保障措施

在新加坡，政府将志愿服务与公民切身利益结合起来，对做出杰出贡献的志愿者在社会服务与福利、就学与就业、职务提升上给予优先考虑。根据志愿者服务时间、绩效的不同，新加坡政府授予志愿者不同等级的勋章，最高级别的志愿者可得到由总统亲自颁发的公共服务勋章（PBM）和公共服务星条勋章（BBM）。在我国台湾，志工服务年资满3年，服务时间在300个小时以上者核发"志愿服务荣誉卡"，服务时间在3000个小时以上的颁授"志愿服务绩优铜牌奖"，服务时间更长的还有"银牌奖"和"金牌奖"。志工凭志愿服务荣誉卡可以免费进入公立风景区、康乐场所等，工作绩效优良的志工可以优先服相关兵役替代役。从2001年开始，相关主管机关还出台了专门针对社会福利类、教育服务类、卫生保健类、劳工福利类等领域的"志愿服务奖励办法"，针对不同类型的志工采取不同的奖励方式。各志工运用单位都非常重视奖励和保障措施，如普遍为志工购买保险，发放交通补贴、就餐补贴，组织年终聚餐和不定期组织旅游，联系医院为志工提供免费体检，为居住较远的志工提供免费住宿，等等。

四　发展建议

在全面深化改革的新形势下，深圳市志愿服务工作面临新的机遇和挑战。下一步，深圳将深入推进"志愿者之城"建设，打造志愿服务的"深圳品牌"，努力引领全国志愿服务新风尚。

一是不断探索志愿服务制度化的"深圳标准"。构建完整的志愿服务制度体系，有利于保障志愿服务健康发展。以美国为例，美国的法律制度为志愿服务兴盛提供了制度保障。美国法律制度属于英美法系，以判例为主，较少单行法规。尽管如此，志愿者相关法律仍有以下几部：《国内志愿服务修正法》《国家和社区服务法案》《全美服务信任法案》《志愿者保护法》等。深圳应继续完善志愿者注册和退出、培训管理、考核激励、项目管理等规章制度，探索志愿服务制度化"深圳标准"，取得制度成果。同时，鼓励各行业、各区出台相应的配套政策，在"志愿者之城"建设中，既要发挥团市委和市义工联的统筹、协调作用，又要充分发挥各行业主管部门的作用，例如教育、卫生、民政、环保、文体旅游等职能部门，还要继续完善有关在学校、医疗卫生机构、社区服务、环保、旅游景点等方面促进志愿者服务的配套政策，进而不断提高志愿服务的吸引力，降低志愿者的流失率。

二是打造志愿服务文化的"深圳名片"。志愿服务的发展离不开宣传发动，要让更多人了解志愿服务信息、参与方式、激励机制等，进而调动人们的积极性，培养公众对志愿服务的参与意识，打造志愿服务文化。例如，英国通过年复一年的品牌积累，使志愿服务成为最受公众信赖的组织，但尽管如此，政府和众多的志愿服组织还是安排大量的人力、物力进行坚持不懈的宣传，以增强志愿服务的亲和力和吸引力，在英国的汽车站、飞机场、学校等公众地方，关于志愿服务的宣传资料随处可见。在亚洲，日本不仅在小学、初中、高中教学大纲中明确要求培养服务型人才，把志愿服务教育渗透到中小学教育之中，而且还在社会教育领域广泛开展志愿服务教育，积极宣传志愿服务的重要意义。深圳应当继续大力培育和践行社会主义核心价值观，让"志愿服务成为深圳人民的精神时尚"。弘扬志愿精神，培育志愿服务文化，宣传深圳志愿理念，丰富城市人文精神，使志愿服务被个人自觉养成，让志愿服务回归初心。同时，我们将继续打造志愿文化时尚，创作和推广更多具有深圳特色、时代特点的志愿文化产品。继续完善深圳"义工天地"展馆的建设工作，打造集志愿文化传播、项目交流、参与体验等于一体的全市性志愿者空间。

三是提高志愿服务专业化的"深圳质量"。深圳应当围绕中心工作和民生所需，从参与社会治理、城市管理等方面入手，让志愿服务成为民生补充、和谐力量，不断提高志愿者的专业化程度，在文化、教育、医疗、交通、环保、社区、安全等多个领域不断探索发展专业志愿服务队，巩固志愿服务发展成效，为社会治理和城市公共服务注入有生力量，发挥积极作用。同时，需要加强志愿服务的专业化培训，政府、社会和民间要协同发力，各自尽责，形成合力，特别是政府，要发挥主导责任，把志愿服务专业化培训纳入社会治理整体工作中，从体制机制上保障专业化培训工作落到实处。当志愿服务不断专业化时，群众只有参与和接受志愿服务产生良性互动，才能体会到志愿者服务的"贴身温暖"，志愿者精神和志愿服务文化才能光芒永照，才能使整个社会形成向上向善、诚信互助的社会风尚。

深圳"志愿者之城"3.0建设的探索和实践

刘广阳[*]

习近平总书记指出，各级党委和政府要为志愿服务搭建更多平台，更好地发挥志愿服务在社会治理中的积极作用。当前，党委和政府在社会治理中面临着不少"堵点""痛点"问题，如何探索运用专业社会力量和志愿服务化解城市发展中出现的深层次问题，是摆在全市志愿服务组织面前的迫切任务。自 2017 年以来，我们提出建设"志愿者之城"3.0 的目标，推动志愿服务从提供基础的社会服务向参与社会治理、凝聚社会共识转变，实现了志愿服务不局限于开展基础性的公共服务，不是做"锦上添花"的事情，而是实现"雪中送炭"，最终凝聚社会共识，实现社会主义核心价值观的最广泛传播和普及，为打造共建共治共享的社会治理格局提供鲜活经验。

---

* 刘广阳，时任深圳团市委书记，现任深圳市机关事务管理局局长。

一 深圳"志愿者之城"3.0建设的源起和内容

（一）敢为人先，深圳率先探索开展志愿服务工作

改革开放使深圳迅速从一个边陲小镇发展成为一座现代化大城市，综合经济实力跃居全国大中城市前列，创造了世界工业化、现代化、城市化发展史上的奇迹。但是，在社会发展过程中，问题不断涌现，社会弱势群体的关爱、青年群体的心理健康等问题亟待解决。同时，改革开放之后，由于与香港、澳门等地的交流不断加强，港澳地区通过社团集结、公众参与、专业对接的"义工""社工"服务模式不断影响到深圳。正是在这样的背景下，1989年，由深圳共青团青年团干发起，19名热心青年组成义工队伍，开通"热线电话"，主要接收外来务工青年的求助电话，一方面给予其心理健康咨询、情感危机干预等服务，另一方面针对特殊权益保护问题转介给有关党政职能部门，寻求社会协同的解决途径。由于受港澳地区法治文化的影响，当时的"热线电话"义工团队的法治意识特别强，在项目发起后仅仅6个多月，深圳团市委敢为人先，向市民政部门申请注册了当时国内第一个法人志愿者组织——深圳市义工联合会，使得"团体义工"这一舶来之物在内地地区生根发芽。之后短短几年内，罗湖区、宝安区等义工联合会相继成立，一批法人团体志愿者组织不断涌现。区别于一般意义上的随手帮助他人做好事的传统组织，法人团体义工组织在出现后，由社会人士担任社团理事会会长，实行理事会领导下的总干事负责制，并设立监督委员会、道德委员会等制度，通过团体社会招募，辅之培训、激励、项目对接等

社会化运作方式，义工号、志愿时、星级义工、义工服（红马甲）等不断推陈出新，使得现代理念意义上的志愿服务模式在国内正式诞生，聚焦帮困助弱、扶老助残助幼等社会问题，涌现出丛飞、孙影等一批草根爱心人物、道德模范，"深圳义工"成为享誉全国的闪亮名片。在深圳，"送人玫瑰、手有余香"的志愿服务理念是城市"十大观念"之一，"参与、互助、奉献、进步"是深圳市义工联的宗旨，"来了就是深圳人，来了就做志愿者"是深圳市民耳熟能详的一句口号。这样，不论是原有居民还是外来务工人员，不论是中国人还是世界各国人员，来了深圳都感觉到了"家""家园"，来了深圳都乐意做"义工""志愿者"。

（二）党政引领，首次系统提出"志愿者之城"建设目标

深圳市义工联合会成立后，通过社会化运作手段，迅速动员了一大批群众，通过加入义工组织服务社会的方式，广泛获得赞誉，引起了共青团中央和深圳市委、市政府的重视。1994年，共青团中央注册成立第一个全国性志愿服务社团——中国青年志愿者协会。1994年5月，时任深圳市委书记厉有为同志到市义工联召开座谈会，在了解到深圳义工的发展现状后，厉有为说，"义工联是新时期学雷锋的好形式，是精神文明建设的一面旗帜"，并指示有关部门关注和大力支持市义工联的发展。至此，深圳志愿服务逐渐走出了一条自下而上的发展道路，成功实现从社会动员到党政引领的跨越。此后，深圳历届市委、市政府高度重视深圳义工的发展。2005年3月30日，经深圳市第三届人民代表大会常务委员会第三十六次会议通过，并报广东省第十届人民代表大会常务委员会第十七次会议批准，《深圳市义工服务条例》正式出台。2011年12月5日，深圳市委、市政

府出台《关于建设"志愿者之城"的意见》，在全国首次系统性提出建设"志愿者之城"的目标，由市委书记担任"志愿者之城"建设工作领导小组组长，由区委书记牵头"志愿者之区"建设，由党工委书记牵头"志愿者街区"建设，形成了全面推动的工作态势。每年的3月5日"全国学雷锋日"和12月5日"国际志愿者日"，市委书记等领导小组成员都到基层调研志愿服务工作等。2015年5月，中央电视台《新闻联播》《人民日报》等6家中央媒体集中报道深圳建设"志愿者之城"的经验。2015年12月，中国志愿服务联合会给时任市委书记马兴瑞同志写信，提出要在全国设立试点城市，推广"志愿者之城"建设经验。目前，由深圳发起的"志愿者之城"建设正在迅速推向全国，而市、区、街道一把手亲自挂帅推动"志愿者之城"建设已经成为全国的一条重要经验。因此，深圳形成了全国独特的党政引领、共青团牵头、社会广泛参与的志愿服务工作模式，确保了志愿服务工作的政治性和群众性相结合，使得志愿服务成为党政联系群众的"连心桥"。

（三）改革创新，"志愿者之城"建设实现跨越发展

改革创新是深圳经济特区的特质。自1989年在全国率先推进志愿服务工作以来，深圳开全国之先河，创新多项举措。深圳"志愿者之城"建设也经历了不同的发展阶段。在"志愿者之城"1.0建设的起步阶段，最显著的特征是社会化、项目化、活动性。区别于行政动员，深圳最早通过社会化动员方式组织志愿服务，特别是依托共青团组织的群众属性，越到基层，网络体系越完善，越利于自下而上的动员。当时，深圳义工多项改革创新举措引领全国先河，包括最早注册法人义工团体，最早将志愿服务群体从青少年拓展到

全年龄段。1995 年 4 月 2 日,"深圳市青少年义务社会工作者联合会"更名为"深圳市义务工作者联合会";1996 年,在全国最早建立志愿服务星级激励制度。同时,将社会服务领域的服务需求进行项目细化。20 世纪 90 年代初,深圳市义工联相继成立义工艺术团、松柏之爱助老、快乐成长关爱脑瘫儿、与你同行助残等。但是,这一时期的问题在于注重以开展活动的形式参与社会服务,主要集中在社区、老人院、福利院等场所,多在周末、工作日晚上等时间活动,具有碎片化、临时性等不足。2011 年,深圳世界大运会将深圳义工推到历史发展新高度,深圳市委、市政府提出了建设"志愿者之城"的目标,大量社会力量踊跃加入义工队伍,义工组织和义工注册人数呈现井喷势头,过去单纯的活动型、碎片化、临时性的义工服务,已经不能满足庞大的义工队伍的需求,急需开辟常态化、岗位化的志愿服务。同时,这一时期,我国全面进入互联网时代,手机端一键应用平台层出不穷,志愿服务必然要引入信息化的手段。面对这一形势和挑战,"志愿者之城"建设不断转型升级,进入了2.0 的发展阶段,这一阶段的主要理念和特点为制度化、岗位化、信息化。在制度化上,深圳实现了"立法 + 制度"的"1 + 12"管理模式,"1"即《深圳市义工服务条例》立法,"12"即招募、培训、岗位服务、日常行为规范等 12 项制度,这个管理模式的确立,有效地规范了当时蓬勃发展的义工组织和义工活动行为,及时防范和化解风险。这一时期,深圳志愿服务 U 站的出现和广泛发展成为"志愿者之城"建设一大亮点。U 站最早源于深圳世界大运会的城市志愿服务站。大运会结束后,深圳市委、市政府把 U 站作为文化遗产保留下来,要求将 U 站建设成为"志愿者之城"的重要标识。之后,U 站创新连锁运营模式,从最初的城市志愿服务 U 站裂变为医疗健康 U 站、政务服务 U 站、文明旅游 U 站、生态环保 U 站等，U 站 365 天不打烊地运行，创造了大批常态化的志愿服务岗位，满足了源源不断的注册义工的需求。这一时期，深圳义工的发展插上了互联网的翅膀，"志愿深圳"信息化平台正式推出，全国首张多功能电子义工证在深圳诞生，志愿者实现电子档案的管理，志愿服务时间有了规范化的记录，志愿服务供需双方通过网络平台进行实时一键对接，从 2013 年深圳志愿服务信息化管理手段实施到 2018 年底，共有 87 万项志愿服务实现供需对接，共有 625 万名志愿者报名参与服务，累计志愿服务时间达到 5889 万小时，实现就近就便参与志愿服务。

（四）转型升级，"志愿者之城"3.0 建设正式起航

在经济快速发展、社会分工日益精细、志愿服务需求日趋多样的今天，制度化、专业化已经成为志愿服务工作的新趋势、新特点。如果志愿服务缺乏完备的法律规范、缺失专业性，志愿服务的权益保障就难以到位，参与志愿服务往往成为一种即时性、临时性的好人好事行为，难以形成人人积极参与的常态化行为。只有志愿服务逐渐实现制度化、专业化，志愿者的精神才能光芒永照，大家才能在参与志愿服务和接受志愿服务的良性互动中，感受到志愿者服务的温暖，并且激发更多的专业人士参与志愿服务，使向上向善、诚信互助的社会风尚蔚然成风。

目前，"深圳义工"进入 3.0 发展新时代，这一阶段的发展思路是以制度化、专业化为引领，推动志愿服务从提供社会服务向参与社会治理、凝聚社会共识转变。当前，随着党政机关的不断重视，社会动员的不断深化，深圳志愿服务制度化、专业化的不断推进，深圳义工的发展已经不仅仅局限于开展基础性的社会服务，志愿服

务不是做"锦上添花"的事情，而是实现"雪中送炭"，最终凝聚社会共识，实现社会主义核心价值观的最广泛传播和普及。因此，应当将志愿服务纳入经济社会发展大局，大胆探索实践志愿服务参与社会治理的新路子，有效弥补政府与市场管理服务的不足，必须运用现代公益理念，将志愿服务当作创新社会治理的重要实践，发展专业化的志愿服务队伍，运用专业化的社会工作手法参与社会治理，从而打造"志愿者之城"升级版，努力推动深圳志愿服务事业始终保持在全国的领先地位，实现新时代走在前列、新征程勇当尖兵，再创新局。

二 "志愿者之城"3.0建设的主要做法

（一）建立项目化、分层次的志愿服务招募机制，提升志愿服务供需匹配度

志愿服务供需匹配度越高，市民参与志愿服务的积极性就越高。深圳探索推行项目化招募方式，统筹考虑志愿者的可服务时间、特长、兴趣爱好，提升志愿服务供需匹配度。目前已在医疗救护、护河治水、垃圾分类、海洋保护、法律援助、科普教育等 19 个领域组建 1022 支专业志愿服务队，探索分层次承接和推进志愿服务项目。例如，针对特大型赛会、展会，如 2011 年世界大学生运动会、2017 年国际植物学大会，由市义工联牵头承接；针对专项志愿服务，如海峡两岸棒球赛，由体育义工协会等团体志愿者牵头承接；针对特色志愿服务，如应急救援等，由市公益救援志愿者联合会等专业特色公益性组织牵头承接。在深圳，市民不分老幼，只要茶余饭后有点时间，就可以参与志愿服务。

（二）建立线上线下参与平台，实现志愿服务就在身边

搭建O2O志愿服务平台，实现线上线下志愿服务项目参与的互联互通，使志愿者就近就便找到适合自己的志愿服务项目，提升市民参与志愿服务的便利性。一是线下实体志愿服务队伍横向覆盖卫生、教育等13个公共服务系统，纵向延伸至市、区、街道、社区四级组织架构。例如，线下志愿服务U站实现"连锁"品牌推广，城市U站、社区U站、绿道U站、医疗健康U站、文明旅游U站等规范化服务点全市已有376个。二是大力推进"互联网＋志愿服务"线上发展战略，开发建设志愿者大数据库和信息化平台，构建综合信息服务体系，实现"查组织、易注册、发项目、找活动、记考勤、微捐赠"功能。率先在"腾讯微信""阿里支付宝"上开通线上志愿服务，每天在线可供市民参与的志愿服务项目有800多个，联合上百个志愿服务公众号，建立志愿服务新媒体集群，拼接形成宣传矩阵，形成强大宣传平台。在深圳，距离不再是问题，抬起腿走出家门，就可以参与志愿服务。

（三）建立"社工＋义工"的运行机制，促进志愿服务"将"与"士"各展所长、优势互补

面对专业领域的志愿服务，志愿者往往会有畏难情绪，担心做不好而不愿参与。为此，深圳探索推广"社工＋义工"的组织方式，针对医疗、公交、口岸等系统公益派遣社工，以社工带义工，降低专业领域志愿服务的参与门槛。专业社工充分发挥其组建团队、规范服务、拓展项目、培训策划等专业优势，普通志愿者则具备"兵源充足"、时间灵活的优势，双方取长补短、优势互补，既拓展了志

愿者可参与的服务领域，又保障了整体服务质量。以市儿童医院为例，团市委联合市民政、关爱办等部门，在医院设立服务U站，作为医院志愿服务的枢纽中心。目前，每天U站的2名专业社工带领150名骨干义工值守，承担综合协调、应急指挥、岗位调配、导诊分流、志愿者招募、特色活动等职责，已成为病患人员进入医院直接面对的第一个服务平台，每天服务2000多人次，在缓解医患矛盾、优化就医环境方面发挥了重要作用。在深圳，无论能力大小，只要发挥"知识盈余"，就都可以参与志愿服务。

（四）建立社会化的激励机制，培育城市志愿文化

良好的激励成长机制，是保障志愿服务可持续发展的重要保障。深圳出台了《深圳经济特区市民文明行为促进条例》《深圳市义工服务条例》，把对志愿服务的激励和礼遇措施法定化，出台了《深圳市礼遇和帮扶道德模范暂行办法》，对事迹突出的志愿者给予入户、住房保障、困难救助等多方面的礼遇和帮扶。试点社区"爱心银行"项目，探索建立志愿服务积分通存通兑、延时使用机制。在精神激励方面，建立星级认证、百优志愿者等多层级荣誉认证体系。打造志愿文化，推出实名制"红马甲"、电子志愿者证、U站等深圳独特的志愿者标识，聘请爱心人士担任志愿者形象大使，设立"公务员志愿者行动日""深圳义工节"等主题日，一批优秀的志愿者艺术团、文化作品登上国家级媒体。在深圳，"送人玫瑰，手有余香"是"十大观念"之一并深入人心，参与志愿服务已成为受人尊重的社会活动。

（五）推动志愿服务参与社会治理，大力提升志愿者的成就感

立足全市中心工作和民生关切，聚焦现实"痛点"和"热点"，

吸引专业志愿者深度参与社会治理，让志愿者走上社会事务的"中心舞台"，大大提升了志愿者的成就感和荣誉感。例如，围绕市委、市政府污染防治攻坚战重点工作，开展志愿服务助力护河治水行动，组建"志愿者河长""河小二""护水骑兵""红领巾小河长"等志愿服务队，建立护河治水 U 站与常态化志愿服务监测点，有效提升市民对河流治理工程的满意度，形成"治水提质，人人有责"的普遍共识。例如，针对深圳文明城市创建工作重点，组织 100 万名志愿者在全市交通路口、公园景点、背街小巷、文化场馆等开展整治共享单车乱摆放、市容环境提升、推广文明旅游等公共文明引导活动。在深圳，不分你我，哪里有需要，哪里就有志愿服务。

（六）坚持立德树人，实现"志愿者之城"3.0 凝聚社会共识的目标

推动志愿服务进校园、进课堂，解决青少年社会实践缺乏的问题。志愿服务具有广泛的社会参与性，是推进青少年实践养成的重要途径。深圳通过"学生＋老师＋家长"全员参与志愿服务的形式，从小培养青少年爱国爱家、向上向善的思想。一是推动课程教学与课外实践相结合。深圳编辑青少年志愿服务课程读本，将志愿服务纳入学校课程体系，在全市中小学试点志愿服务课程与实践。市属高校开设志愿服务选修课，大中小学均将寒暑假参加志愿服务实践制度化。二是探索有效的激励机制。深圳在全国首次将注册志愿者的年龄"门槛"放宽到 10 周岁以上，在"推优"入党、"推优"入团时将志愿服务作为考察内容。深圳职业技术学院推出大学学时积分兑换制度，实施"志愿者之校"建设。志愿服务体现着中华传统文化蕴含的思想观念、人文精神和道德规范，是源自人内心的自觉

行动，可成为开展青少年思想政治和社会主义核心价值观教育、立德树人的有效形式。深圳志愿服务的实践经验证明，可以通过制度设计和实践推广，让志愿服务成为青少年立德树人的有效途径。一是实现德育为先，通过志愿服务思想来引导人、感化人、激励人；二是实现以人为本，通过志愿服务实践教育来塑造人、改变人、发展人，最终实现凝聚社会共识。

三　发展建议

（一）坚持制度化推进，让"志愿服务成为常态"

志愿服务制度化是为了推动志愿服务的发展，同时还起到保护志愿者、志愿服务组织和服务对象以及规范志愿服务行业的作用。目前，深圳拥有《深圳市义工服务条例》和12项规章制度，但是与深圳志愿服务发展的长远要求相比还不够，应当完整法律体系，继续加强志愿者服务的制度化建设：一是继续完善专项的配套政策，在包括志愿者招募、注册、培训、服务、考核、奖励、经费保障等制度的基础上，结合深圳志愿服务发展的新情况、新趋势，不断推陈出新；二是继续出台完善各行业的配套政策，在"志愿者之城"建设中，既要发挥团市委和志愿者协会的统筹、协调作用，还应当充分发挥各行业主管部门的作用，教育、卫生、民政、法律、环保、文体旅游等职能部门应出台完善有关在学校、医疗卫生机构、社区服务、环保、旅游景点等方面促进志愿者服务的配套政策；三是继续鼓励各区、各街道、各社区继续出台特色政策，各基层政府单位可以结合实际，出台促进志愿者服务的政策，使志愿活动百花齐放。

同时，也应该不断顺应时代要求与志愿服务发展新变化，不断完善《深圳市义工服务条例》等相关制度，出台新的地方法规，进一步建立健全义工工作机制，界定志愿服务的责任风险，保障志愿者的合法权益，鼓励青少年更广泛地参与志愿服务。

（二）大力弘扬志愿文化，让"志愿服务引领潮流"

当下，志愿精神已成为各国文化中不可或缺的要素，成为社会共同价值。深圳应当不断学习借鉴国际上志愿服务宣传工作的经验，进一步加强本市志愿服务的宣传推广工作。一是加强志愿文化建设。各级党委政府应当加强志愿文化建设，将其作为社会主义核心价值观的重要内容。支持机关事业单位建立志愿者服务队伍，鼓励企业积极履行社会责任，通过参与志愿服务，奉献回报社会。倡导党员干部、团员青年发挥模范作用，带头加入志愿者服务队伍。二是加强学校志愿文化教育。坚持志愿精神从娃娃抓起，教育部门积极推动志愿服务读本进课堂，进一步壮大高校志愿服务队伍，积极引导中小学生参加志愿服务，通过"小手拉大手"的方式，推动全民开展志愿服务。三是推进全市志愿者教育基地建设。在"义工天地"展馆建设的基础上，不断完善其功能，并且推动各区、各街道、各社区总结各级志愿服务发展经验，结合工作实际，打造、推出一些志愿者纪念场馆、志愿者公园等教育基地，将它们打造成为深圳义工的精神家园和实践教育基地，向国内外来宾充分展示深圳城市文明建设和志愿服务事业改革发展的成果。四是加强志愿服务的公益宣传。创作一批体现志愿服务主题和时代特色的文化艺术作品，在公共传播渠道增加反映志愿服务的公益广告和文艺作品的数量。

（三）鼓励公共部门常态化使用志愿者服务，让"志愿服务就在身边"

深圳应当鼓励公共部门常态化使用志愿者服务，不断扩大志愿者队伍范围，在学校、医院、交通管理、城市管理以及社区服务中推广志愿服务。一是继续在医疗卫生机构、公共交通等民生保障部门常态化开展志愿服务。深圳在市儿童医院、市信访大厅、市社保大厅、公共汽车站等地设立了志愿者岗位，在地铁系统推广志愿者常态化服务。可以说，深圳在探索公共部门志愿服务常态化、岗位化、专业化运作模式方面，已经有了较好的基础，下一步，应该继续瞄准民生所需，在更多有志愿者需求的公共部门或办公大厅中引进志愿服务。二是规范公共部门使用志愿服务的管理。深圳的一些公共部门使用志愿者参与公共服务，管理与培训如果不能及时跟上社会的需求，将产生不少的问题。目前，公共部门对志愿者招募、注册、培训等制度存在标准不一、难以细化、配套政策不多等问题，存在一定管理风险，这就需要一方面向志愿者进一步开放公共服务部门的阵地，另一方面加强志愿者的使用和规范管理，建立完备的制度保障，更好地发挥志愿者对城市公共服务的补充作用。三是政府支持，社会协同，充分发挥党政部门和志愿组织的作用。在建设"志愿者之城"进程中，应着力发挥各级党政部门的推动、引导和服务作用。在历届市委、市政府的重视和支持下，三十年来，深圳志愿服务一直领全国风气之先，很多工作都走在全国前列，就"志愿者之城"建设而言，各级党政部门给政策、给资金、给项目，推动深圳志愿服务事业大发展。但是，建设"志愿者之城"的不少工作还处在不断摸索阶段，需要引导和不断地总结经验，认识规律，遵循规律，应该考虑为志愿服务工作搭建更多的平台、创造更好的条件，让志愿服务事业发展得更好。

（四）推动专业化发展，让"志愿服务更有质量"

目前，深圳志愿服务工作确定的工作思路和专业化发展方向包括：立足党政中心和民生关切，聚焦现实"堵点""痛点"，坚持把增进民生福祉作为志愿者行动的根本目的，以专业化志愿服务深度参与深圳社会治理。巩固提升志愿服务在治水提质、交通治理、精神医疗卫生、公共安全等领域的工作成效，推动专业志愿服务广泛参与教育、医疗、社会保障等民生领域。在此基础上，打造志愿服务的"深圳质量"。一是大力培育志愿者队伍。深圳放宽法人志愿者组织的注册资金、登记地点、会员人数等条件限制，积极推动志愿者组织法人化。鼓励各行业部门出台支持专业人才参与志愿服务的政策措施，引导医生、教师、律师、社工、专业救援人员等成立专业志愿服务队伍。二是加强志愿者培训工作。打造深圳市志愿服务培训体系，依托深圳志愿服务信息平台，建立志愿者网络培训平台，完善志愿服务通用培训数据库，形成基础培训、专业技能培训和骨干领袖培训等多层次培训体系。三是加强志愿服务的基础研究。整合高校、党校、社科院、团校等力量，组建"志愿者之城"建设战略咨询委员会及专家库，加强对志愿服务理论的基础性研究。

（五）加强信息化支撑，让"志愿服务简而易行"

这是一个属于大数据的时代，"信息化"是社会发展潮流。得益于互联网的产生，各行业都掀起了信息化的浪潮，"信息化"提高了管理质量，降低了管理成本，为世界发展提供了"加速度"。志愿服务工作不能甘愿做信息化时代的"局外人"，应充分参与这一进程，与时代接轨，有着积极而深远的意义。志愿服务"信息化"势在必行。深圳有175万名志愿者、1.1万个志愿服务组织，可谓发展势头强劲，人数多、种类多。这么庞大的志愿者群体，这么繁多的志愿服务项目，如果没有一套行之有效的信息管理系统，没有一个统一的规范与信息化管理手段，就不足以应付日益增多的志愿服务管理工作。因此，志愿服务信息化是顺应时代发展的潮流，是与时代接轨的重要举措。在志愿者资源、志愿组织资源、互联网资源以及社会志愿服务等资源中，"互联网＋志愿服务"平台处于各种资源交汇点处。通过平台，各类志愿服务资源可以实现重新整合，志愿服务双方可以获取经过智能化匹配的个性化信息，志愿服务的效益能够实现最大化。深圳自2013年正式推出的智慧型志愿者信息化系统以来，推广"电子义工证"，实现志愿服务的计时、计分和打卡等功能，建设"深圳市志愿服务信息平台"，方便广大市民通过微信、互联网等方式了解志愿服务信息，促进志愿者和服务项目之间的供需对接，实现"人人愿做志愿，随手可做志愿"。但是，深圳一些行政区、高校、志愿服务机构、志愿组织也建立了自己的信息数据库，这类数据库存在分散建设、各自独立封闭运行的特点，使得志愿者信息数据库建设存在交叉重叠、数据不统一等现象，这些对我们信息化管理的统筹能力与技术手段提出了更高的要求。同时，深圳也应当集中优势力量设计出更多有市场、有潜力、符合当下志愿者需求的新媒体信息化终端产品或管理方式，不仅可以吸引更多的人关注志愿服务，还可以在一定程度上打破志愿服务实体网络的局限性，弥补实体网络受时间、空间制约的缺陷，进一步促进志愿信息资源的对接，让人人都是志愿者、人人都可以随时随地参与志愿服务成为可能。

（六）完善志愿服务激励，让"志愿服务人人可为"

虽然志愿服务被定义为"不以获取报酬为目的"的活动，但适当的激励机制和保障措施是鼓励志愿者士气、促进志愿者持续参与的动力。深圳可以在以下几个方面借鉴先进经验，丰富和完善志愿服务的激励机制。一是丰富政府和公共机构的激励机制。进一步完善深圳已形成志愿服务计时、星级志愿者认定、百优志愿者评选等激励体系。不断结合深圳实际，以精神激励为主，将志愿服务纳入适宜的激励政策，探索用志愿服务时间兑换安全救援、养老服务等激励政策，探索将志愿服务纳入社会诚信记录，有利于志愿服务者在升学、就业、晋升时获得良好的评价。二是探索志愿者社区回馈机制。在目前盐田、龙岗试点的基础上，继续探索推广"社区爱心银行"项目，鼓励志愿者以志愿服务时间兑换积分，有需要时再以积分兑换社区健身、体检、家政服务等社区服务项目，激励社区居民相互服务。三是鼓励志愿者使用单位因地制宜提出激励措施。深圳鼓励、引导志愿者使用单位因地制宜提供符合本单位特点的激励措施，如为志愿者购买保险，发放交通补贴、就餐补贴，免费体检，实施公益假期，等等。

图书在版编目（CIP）数据

深圳义工改革发展实录. 第一辑 / 方琳主编. -- 北

京：社会科学文献出版社，2020.1

ISBN 978 - 7 - 5201 - 5991 - 3

Ⅰ.①深… Ⅱ.①方… Ⅲ.①志愿 - 社会服务 - 深圳

- 文集 Ⅳ.①D669.3 - 53

中国版本图书馆 CIP 数据核字（2020）第 012032 号

深圳义工改革发展实录（第一辑）

主　　编／方　琳

出 版 人／谢寿光
责任编辑／姚　敏
文稿编辑／朱子晔

出　　版／社会科学文献出版社　（010）59367161
　　　　　地址：北京市北三环中路甲 29 号院华龙大厦　邮编：100029
　　　　　网址：www.ssap.com.cn
发　　行／市场营销中心　（010）59367081　59367083
印　　装／三河市东方印刷有限公司

规　　格／开 本：787mm × 1092mm　1/16
　　　　　印 张：13.75　字 数：165 千字
版　　次／2020 年 1 月第 1 版　2020 年 1 月第 1 次印刷
书　　号／ISBN 978 - 7 - 5201 - 5991 - 3
定　　价／98.00 元